マネジメント ヒエラルキー

組織マネジメントの実践原理

Katana New York,Inc., 代表取締役　宮川雅明

MANAGEMENT HIERARCHY

学文社

はじめに

　戦略コンサルタントとして丸25年になる。コンサルタントという職業を選択し，25年も続けられてきたことに感謝している。

　戦略の本でも書きたいところであるが，戦略をマネジメントする本にした。

　戦略論というのは独占禁止や産業組織論などとの関係が強く，経済学の色合いをもっている。経済学というのは存在する富の分配が主題であり，富を生み出す組織や組織活性などは主題ではない。しかし，価値は組織で生まれているのである。戦略論も競争戦略（外部環境），RBVそしてリアルオプションからイノベーション理論と展開され，いわば第4世代まで進化してきているようである。

　私は，コンサルタントは実務家であるべきだと思っているしそのように育ったのでマネジメントの本を優先した。実は組織の本を書くのは15年ぶりである。それに最近は戦略というか啓蒙の本が多く，実践，実務，成果，生産性，現場といった香りのするものが少ない。グローバルなアウトソーシングの危険性にもやっと気づいてきたようである。そろそろマネジメントの時代に戻らないといけない。

　25年前，大学院を出たばかりの私に先輩の職人コンサルタントが，こんなアドバイスをくれた。「戦略を語るには20年はかかる。仮に語ったとしてもいかに実践するかを提示できなければコンサルタントではない。」この言葉は，戦後，経営調査を35年やってこられた伝説のコンサルタント故岡田潔氏が残した言葉でもある。

　戦略のミスは戦術ではカバーできないが，戦略だけで人は動かない。そ

れに，細かいことに気づかない人は大きなことには気づかないものである。どうもこの細かいこと・基本的なことが軽視されているような気がする。

　内容的にあまり期待されても困ってしまう。当たり前のことを書くだけである。しかし，その当たり前のことがなかなかできない。スポーツでいえば，腹筋とか食事管理といった類のもので，千日，万日の鍛・錬のようなもので，いわば基本動作である。

　知識深い読者からすれば，そんなことは知っている，やってきたよ，という内容もあると思うが，基本動作に重点をおいて紹介しているということでご了承願いたい。

　この本を書くにあたり，これまでご教授・ご支援いただいた多くのクライアントに感謝の意を述べたい。また，マネジメントコンサルタントの師である秋月隆男，平田健次郎両氏に深く感謝するものである。

　また，主に学術書を扱う出版社でありながら，弊社のようなコンサルティング会社のプリンシプルと内容に賛同し協力いただいた学文社の三原多津夫氏に深く感謝したい。

　天才的コンサルタントといわれたバーナード・ミュラータイム，伝説のコンサルタントといわれた岡田潔に一歩でも近づくべく，職人コンサルタントとして，これからも日々粛々と努力していきたい。

　理論と実践を繰り返すことにより信念は生まれる。

ダラス郊外にて
宮川　雅明

マネジメント ヒエラルキー

目　次

1章　エグゼキューションマネジメント ―――――― 9

1　ビジネスヒエラルキー ・・・・・・・・・・・・・・・・・・・・・・・・・ 9
- エンビジョン Envision　9
- エグゼキューション Execution　12

2　なぜ，計画が実践されないのか ・・・・・・・・・・・・・・・ 13

3　マネジメント戦略 ・・・・・・・・・・・・・・・・・・・・・・・・・・・・ 16
- 目的のないところにマネジメントはない　16
- テーマの重要性　18
- 組織と業務　20
- 戦略は組織を無視してはいけない　23
- 役割と人　24
- 徹底実践と成果　28

4　マネジメント戦略 ・・・・・・・・・・・・・・・・・・・・・・・・・・・・ 28

5　結局，組織とは何か ・・・・・・・・・・・・・・・・・・・・・・・・・ 32

2章　基本動作 ――――――――――――――― 35

1　行動規範の4つの領域 ・・・・・・・・・・・・・・・・・・・・・・・ 36
- 倫理行動　36
- 行動指針　36
- 行動様式　38
- 基本動作　42

2　行動習慣から見た企業タイプ ・・・・・・・・・・・・・・・・・ 46

3章　マネジメントヒエラルキー ―――――――― 47

1　マネジメントヒエラルキー ・・・・・・・・・・・・・・・・・・・・ 47

2　ビジョン ・・・・・・・・・・・・・・・・・・・・・・・・・・・・・・・・・・・ 48

■ビジョンが人を動かす　50

　③　機構・運用・人 ……………………………… 51

　　　■機　構　51
　　　■運　用　52
　　　■人　53

　④　規　範 ……………………………………… 54

　⑤　目的・方法・人 ……………………………… 54

　　　■目的によるロス　56
　　　■方法によるロス　57
　　　■人によるロス　58

4章　機能・業務・役割 ——————————— 63

　　　■機能と業務　63
　　　■業務と役割　66
　　　■機能と業務と役割　67
　　　■ビジネスヒエラルキーの裏にあるマネジメントヒエラルキー　68

5章　部門の使命と機能 ——————————— 71

　①　戦略区分と部門使命 ………………………… 71

　　　■戦略区分　71
　　　■使命体系　72

　②　機能関連図 ………………………………… 74

　　　■機能使命のKJ図解　74

　③　部門別機能体系 ……………………………… 78

　④　基本機能・管理機能・調整機能 ……………… 80

　　　■基本機能と管理機能　80
　　　■調整機能　80

■機能を考えるうえでのその他の視点　81

6章　業務プロセス ―――――――――――――― 83

1 機能分解 ・・・・・・・・・・・・・・・・・・・・・・・・・・・・・・・・・・・・　83

2 業務体系と業務内容 ・・・・・・・・・・・・・・・・・・・・・・・・・・　83

■業務体系　84
■大分類　84
■中分類　86
■小分類　86
■業務体系表サンプル　88
■情報システムとの関係　90

3 使命・機能・業務の関係 ・・・・・・・・・・・・・・・・・・・・・・　92

7章　役　割 ―――――――――――――――― 95

1 経営組織3つの側面 ・・・・・・・・・・・・・・・・・・・・・・・・・・　95

2 機能別役割 ・・・・・・・・・・・・・・・・・・・・・・・・・・・・・・・・・　98

■階層別に展開　98
■役割と小分類の関係　100
■役割と業務体系表と育成　101

3 管理者3つの役割 ・・・・・・・・・・・・・・・・・・・・・・・・・・・　102

■革新機能・維持機能・育成機能　102
■役割モデル　104
■ビジネス人生のVSOP　106

4 役割モデルと評価制度 ・・・・・・・・・・・・・・・・・・・・・・・　107

5 組織の形 ・・・・・・・・・・・・・・・・・・・・・・・・・・・・・・・・・・・　108

■ピラミッド組織　110
■ネットワーク型組織　110

■マトリクス組織　111

8章　徹底実践 ——————————————— 113

1 業務マップ ・・・・・・・・・・・・・・・・・・・・・・・・・・・・・ 114

2 時間概念のない成果定義は存在しない ・・・・・・・・・・ 118

■意図した成果を出す　118
■インプットとアウトプット　120

3 目標時間 ・・・・・・・・・・・・・・・・・・・・・・・・・・・・・・ 122

■組織としての時間　122
■個人としての時間　122
■時間計画のない計画はやる意志のない計画　123
■改善の必要性　126

9章　改　善 ——————————————— 129

1 S型業務とT型業務 ・・・・・・・・・・・・・・・・・・・・・・ 129

■成果の定義が異なる　129
■習熟で見るS型業務とT型業務　130
■標準化によってレベルは異なる　132
■プロセスの時間配分　134

2 業務プロセスのリデザイン ・・・・・・・・・・・・・・・・・ 134

■大分類単位で目的を確認　134
■業務プロセスのリデザイン　136
■業務プロセスリデザインのパターン　136

10章　日々の行動 ——————————————— 139

1 タイムキャピタルマネジメント全体の仕組み ・・・・・・ 139

■組織としてのタイムキャピタルマネジメント　139

	2	日程計画 ………………………………… 145
	3	週間業務計画 ……………………………… 146
	4	セルフチェック …………………………… 150

11章 成 果 ———————————————— 153

  1 タイムキャピタルマネジメントの成果 ………… 153
    ■組織としての優先順位を明確にする　154
    ■S型業務化　154
    ■一人ひとりの行動変化　156
  2 3つのイノベーション ……………………… 156
  3 成果測定 …………………………………… 158
    ■企業力　158
    ■時間生産性指標　158

12章 リンケージを妨げるもの ———————————— 161

  1 意志の伝達 ………………………………… 162
  2 理解・納得・共感・行動 …………………… 162
  3 運用モデル ………………………………… 164

13章 成功のための ———————————————— 167

  1 日々粛々と ………………………………… 167
  2 管理は微分,評価は積分 …………………… 168
  3 オープンでシスティマティック ……………… 170

1章 エグゼキューションマネジメント

■ ビジネスヒエラルキー

■ エンビジョン　Envision

　経営戦略論などを勉強すると，このビジネスヒエラルキーというのが出てくる。経営の構造は，「経営理念・哲学」（社是・社訓，創業精神の類）から始まり，「目的」（約款に書いてあることで，どんな事業を通じて社会に貢献するか，事業の内容をいう）が次にくる。そして戦略がくる。理念は普遍である。目的は，変更することは可能であるが，あまり変わることはない。多くの企業は可能性を考慮し，事業の種類を幅広くとらえているものである。戦略の定義はさまざまであるが，武田信玄に言わせれば，どの国と戦うかが戦略で，その国とどう戦うかが戦術らしい。

　戦略とは英語でstrategyというが，語源はギリシャ語のストラティジオス（将軍）からきている。アンゾフに言わせれば「起業と環境との関係を構築する」という定義になるが，たしかに事業を起こすときに，最も環境との関係を考える。自分が明日から事業を始めるとしたら何をやるかを考えれば，これまでの経験を生かし，人脈や取引先などとの関係構築を新たに図っていくことが多い。したがって，事業を起こすということにおい

て，何をやるかをまず決めることになる。東に向かうのか，西に向かうのかを決めなくてはならない。全方位をカバーすることはできない。仮に南に進むと決めた場合，真南だけをやるのか，南南西もちょっとやるのか決めないといけない。もっとも，一点集中が資本戦略においても最も効果的ではあるが，頂上を登るにもさまざまなルートがある。相乗効果というのもある。例えば，私のようなコンサルティング会社であれば，戦略のコンサルティングしかしません，と集中してもよいが，戦略だけで会社はよくはならない。人材マネジメントはしません，研修はしませんでは，顧客にとって使い勝手が悪い。

　戦略とは，要約すれば「方向づけと資源配分」である。法律に決めてあるわけではないのでこれが正解というわけではない。ただ，多くの経営学者や経営者の考えを抽出するとこのような定義になると思う。方向づけとは南へ向かえば，北へ進路はとらないということ。集中と選択という言葉が流行ったことがあるが，これは戦略の基本である。
　では，南には経営資源のどれくらいを配分するのだろうか。100％配分するとはかぎらない。また，経営資源に定義はない。人・モノ・金・情報というのは一つの見方であって，ブランドも経営資源であるし，社長の顔がマスコミなどでよく知られているというもの経営資源になりうる。経営

● なぜ，戦略が必要なのか？

　例え話である。小学生と大学生が相撲をとったら大学生が勝つ。何回やっても大学生が勝つ。だから小学生には戦略が必要なのである。

1章　エグゼキューションマネジメント

図表1

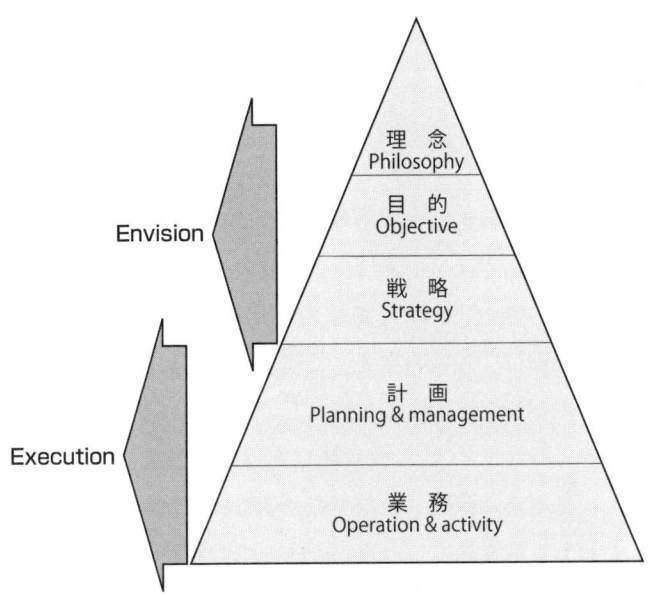

- わくわくする将来を描き（エンビジョン），徹底実践（エグゼキューション）することで，希望や計画を達成し，自己実現と社会的貢献を同時達成していく。

©Katana New York, Inc., 2006

資源とは各企業が決めることである。

　理念，目的，戦略までがエンビジョンの領域である。エンビジョンとはビジョンの前に強調の en が付いているので，革新ビジョンとか革進ビジョン，あるいはわくわくするようなビジョンなどといってもよいだろう。

■ エグゼキューション　Execution

　戦略の次は，戦略を実行するための計画とその計画を実行するためのマネジメントがくる。計画とは中期計画や年度計画，部門計画といったものである。ここでのマネジメントとは，予算管理や目標管理，報告制度などの意思決定の仕組みなど基本となる制度（設計）のことをいう。業務というのは文字通り業務で，在庫の業務，与信の業務，図表面作成，購買先の決定，得意先への提案など実際に行動としてあらわれるものである。

　エグゼキューションとは執行の意味であるが，徹底実践と訳した方がしっくりくる。価値ある戦略も徹底実践できなければ無価値なものになってしまう。たいして取り組んでいないのに，この戦略はうまくないとか，失敗だったと安易に言ってはいけない。また，実践できないような戦略を

● PEST

　Political environment, Economical environment, Social environment, Technological environment の頭文字をとって PEST という。要は大きく環境を見なさい，時流を読みなさいということである。アゲインストの風に向かって振り回してもボールは遠くには飛ばないものである。

安易に語り，下のレイヤーに強要しても結果はおのずと見えてくる。

経営マネジメントは，エンビジョンとエグゼキューションの掛け合わせであり，戦略はその中央に位置する。つまり胆(きも)である（**図表1**）。

戦略のミスは戦術ではカバーできないが，戦術が描けなくて戦略のみを語るのは実務家とはいえない。戦略を立案するプロセスは，外部環境分析をベースとするが，世間の動きをPEST分析など使い，自社の強み・弱みを鑑み，持続的競争優位性をもたらす戦略を立案するのであるが，現実日々の生活のなかで，大局に気づくセンスが基本だと私は思う。

細かいことに気づかない人は大きなことには気づかないものである。

2　なぜ，計画が実践されないのか

図表2［年度計画が実践されない理由セルフチェック］を見ていただきたい。年度計画が実践されない理由を8つほどあげてみた。別に年度計画にこだわる必要もなく，計画という類のものは組織のなかにはたくさんある。在庫計画，販売計画，採用計画，キャッシュフロー計画などなど。業務は異なっても理由はたいして変わらないと思う。

チェックリストの1番目は，背景・意図に関するものである。今年の販売計画の目的や意図表は何かを説明しなさい，といわれると意外と難しい。販売計画という業務の説明はできても，その目的とか，なぜその目的になったのか（意図）を説明するとなると受身では答えられない。やることが目的で成果を主体的に考えていない。

2番目は，計画が業務になっているという話である。3月末決算の会社であれば2月くらいから来期の予算の準備をする会社もあると思う。絵に画いた餅という話があるが，予算や計画数値づくりに一生懸命になり，そ

の数値をいかに達成するかに時間を使っていない。数値目標を記憶しているのは3月末であって，4月1日になれば忘れてしまう。計画をつくることが目的であり，日々やることはどうせ変わらないと思っているからである。

3番目は日々のマネジメントである。2番目とも関係するが，対策計画になっていなければ，目標数値との結果確認しかできないのは当たり前である。また，週報とか月報とかたいていの組織にはあるものだが（ない組織もあるが），形式化してしまい目的的に使われていない。意図した対策計画をとった結果どのような数値になったのかを比較検証することで次なる対策が生まれてくるが，もともと対策計画がなく計画がスタートしていることが多い。

4番目は参画の話である。目的など関係なく，言われたからやる，という姿勢でよい人はそれでよい，後は自己責任である。参画意識というのは，可能であれば自分が小さくても意思決定した部分があるか，自らつくったものがあるとよい。また，そうしたつくり方をマネジメントサイドもするべきである。

5番目はお金の話と数値の話である，チェックリスト3番目と近い話である。そもそも売上目標で人の行動が変わるだろうか？　今月車を1千万円売りなさいというより，今月車検をむかえる人を20人ピックアップしなさい，といった方が行動につながる。言いたいことは，数値にこだわりすぎて，マネージャーも忙しすぎて，改善する気力もないので，数値を繰り返すだけになっていないかということである。行動を変えないかぎり結果は変わらないものである。

それと数値目標の本来の意味は，努力の程度を考えるためのものである。10％の改善と12％の改善では対策は異なるはずである。

6番目はビジョンの話である。ビジョンについては後述するが，一言で

1章　エグゼキューションマネジメント

図表2

年度計画が実践されない理由セルフチェック

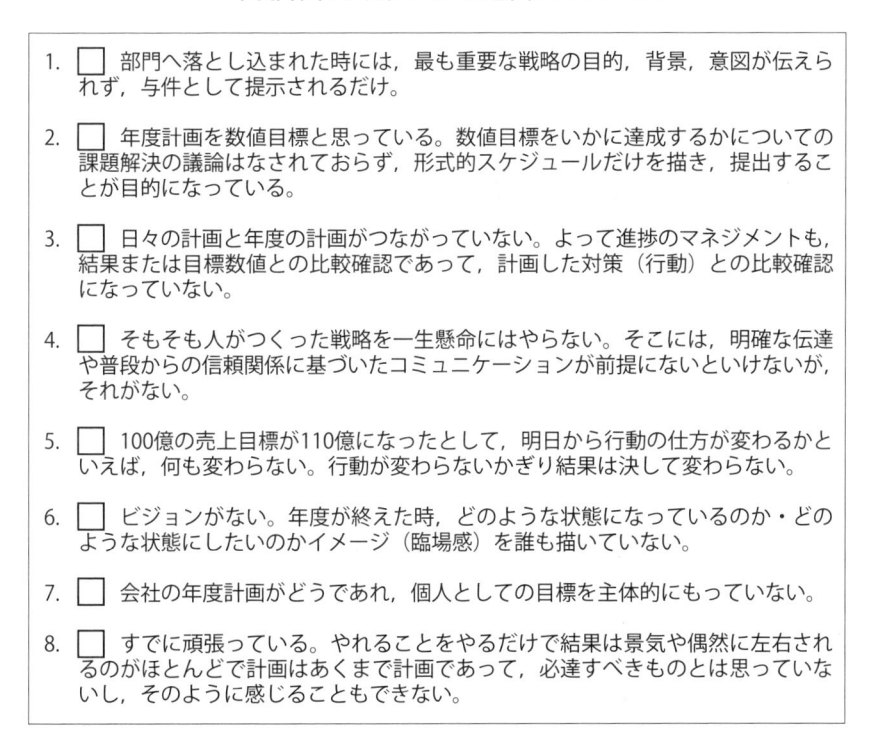

1. ☐ 部門へ落とし込まれた時には，最も重要な戦略の目的，背景，意図が伝えられず，与件として提示されるだけ。

2. ☐ 年度計画を数値目標と思っている。数値目標をいかに達成するかについての課題解決の議論はなされておらず，形式的スケジュールだけを描き，提出することが目的になっている。

3. ☐ 日々の計画と年度の計画がつながっていない。よって進捗のマネジメントも，結果または目標数値との比較確認であって，計画した対策（行動）との比較確認になっていない。

4. ☐ そもそも人がつくった戦略を一生懸命にはやらない。そこには，明確な伝達や普段からの信頼関係に基づいたコミュニケーションが前提にないといけないが，それがない。

5. ☐ 100億の売上目標が110億になったとして，明日から行動の仕方が変わるかといえば，何も変わらない。行動が変わらないかぎり結果は決して変わらない。

6. ☐ ビジョンがない。年度が終えた時，どのような状態になっているのか・どのような状態にしたいのかイメージ（臨場感）を誰も描いていない。

7. ☐ 会社の年度計画がどうであれ，個人としての目標を主体的にもっていない。

8. ☐ すでに頑張っている。やれることをやるだけで結果は景気や偶然に左右されるのがほとんどで計画はあくまで計画であって，必達すべきものとは思っていないし，そのように感じることもできない。

©Katana New York, Inc., 2006

いえば未来図であり，臨場感溢れるものである。人は理屈だけでは動かないものである。

7番目は個人の主体性の話である。会社がやりたいことを説明しても，その人自身にやりたいことや問題意識（手前勝手な批判的精神ではなく）がなければ会社の意図を自分の目的としてとらえ直すことや自分の目的との整合性を自ら発見することができない。要は自分の問題である。

8番目は習慣の話である。行動習慣の蓄積がこうした意識を形成してしまう。日々粛々と頑張ることは基本であるが，希望をもたず・感じることができず，偶然の良い結果をただ期待することはいかん，という話である。なぜ，そうなるかといえば，多くの場合は，考えていないからである。考えずに行動する方が楽だからである。したがって，具体的に見えてこない。「どうすればいいんだろう」と愚痴を出す前に，頭を使ってカイゼンすればよい。

目的，目標，成果，役割，カイゼン，習慣――言っていることは基本的なことである。戦略を徹底実践するという視点で，こうした基本的なことをこれから整理していくわけであるが，組織と個人の動き，人の意志，業務のあり方などさまざまな要素が絡んでくるのでちょっと厄介である。この本は，この厄介なマネジメントをできるだけ整理して解説するのが目的である。

3　マネジメント戦略

■ 目的のないところにマネジメントはない

マネジメントにとって目的は前提である。企業価値など短期的なバ

リューを追求するものがやたらと浸透しているためか，将来を描くことや大局を描くことが手薄になってきている観があるが，結果はともかく，将来の目指すべき方向は指し示すものである。将来を期待させるビジョンをもつ（単にばら色を語るということではなく，将来目指すシナリオに社員が熱いものを感じるという意味）ことが基本であるが，これが結構難しい。そこでマネジメントの登場となる。

　図表３［テーマの明確性から見た会社と個人の状態］を見てほしい。マネジメントの対策を考えるうえで用意したマトリクスである。内容的に多少偏った表現であるかもしれないが，イメージしやすいようにあえて象徴的に書いているのでご了承いただきたい。

　第１エリアは，会社も個人もテーマが不明確なケースである。テーマが不明確というのは会社にとって失礼な話かもしれないが，社員にとって不明確であれば不明確としておきたい。第１エリアの場合，かなり危うい状態で，過去の財産を踏襲し，異質なことはやらず守りの経営をするのが最も賢明なシナリオになる。

　マネジメント戦略として最も求められることは，適切なテーマ，ビジョナリーなテーマを設定することである。適切というのは，この場合，誰が考えても最も間違いのないテーマ（取り組み）のことで，例えば，「顧客が求める品質に応える」といったものである。テーマ設定に関して深く言及するには戦略とセットで語る必要があるので，この本ではテーマの重要性のみ言及する。

　テーマが設定されたとして，マネジメント戦略として他にできることはないのか，というと唯一つ，基本動作である。基本動作がしっかりしている会社は大きくは崩れないし，天がそのような会社を見放すはずがない。

■ テーマの重要性

　戦略とテーマというのは異なる（つながりがないという意味ではない）。戦略というのは，方向性と優先順位の話であり事業の選択の話である。しかし，最後は何をやるのかという話に落とし込まれないといけない。先に「顧客が求める品質に応える」というテーマを出したが，はたしてこれはテーマとして適切だろうか。テーマの目的，テーマとはどういうものであるべきであろうか。

　テーマというのは経営成果を創るものであり，社員の行動を喚起させるものであるべきである。品質に応えるといわれてもそれは毎日一生懸命やっていることで，社員からするとわくわくはしない。社会に貢献する，といった類の言葉も同様でだからどうするのかを喚起させない。よって思考停止状態に陥ってしまう。品質に応えて何をするのか，を考え，そこからテーマを導き出すことである。

　「品質に応えることを通じて，お客様にとって新しいサービス（機能や便益など）を提供する……」と言った方が，ちょっとたいへんだが，よくはないか。

● 良いテーマとは

- [ ] 過去やったことがあるかないか，成否の分析含め，検証されている。
- [ ] 臨場感が湧く。成果イメージが眼を閉じた時に，音や映像や香りとなって浮かび上がってくる。
- [ ] 自分自身わくわくしたものを感じている。これで飯を喰おうと思う。
- [ ] 同志がいる。

1章 エグゼキューションマネジメント

図表3

テーマの明確性から見た会社と個人の状態

会社・組織 個人	会社として方向性やテーマが明確でない	会社として方向性やテーマが明確である
個人として方向性やテーマが明確でない	**1** （会社）制度を運用するだけで本当に機能しているか，目的に対して適切な行動をとっているか気にせず，各部は，自分たちはちゃんと仕事をやっていると主張するだけ。上を見ている人が多くなり，建前を語って防衛する人が多く，活気がない。 （個人）与えられた仕事を処理するだけで，改善しよう，品質にこだわろうといった自律的姿勢と行動は生まれない。多くは不満を口にするだけ。高い退職金があれば，早期退職優遇制度を使いたい（他にやりたいことがあるということではなく）。何となく資格でも取ろうかと考える。	**3** （会社）方向性や優先順位は明確に伝えているつもりなのに意外と伝わっていない。やっているように見えるがどうも徹底度合いが足りない。評価制度など変えて意欲を喚起しようとしたがどうも効果があがっているようには思えず，やる人はやる・やらない人はやらず従来と変わらない。 （個人）文句を言われない程度にやる。会社に特に不満があるわけでもないが雇用の継続だけが心配。相対的にある程度のところにいればいいだろう。主語は常に自分。
個人として方向性やテーマが明確である	**2** （会社）属人的な組織。優秀な特定個人に組織が偏重する傾向がある。会社が長年蓄積した顧客関係やブランドという財産が今を支えている。うちの会社将来はないかな，と漠然と皆思っている。上司に期待することはあまりない。 （個人）気を使うだけでなかなか頭を使えない状況。意思決定が遅かったなどで精神的に疲れ，優秀な人材がまずは転職していく。良い仲間が社内にいる。戦略というより土壇場での行動力やチームワークはあると感じている。	**4** （会社）会議をやっても目的的な質問が多く，みんな成果にこだわっている。喧々諤々の議論はするが，雰囲気はよく信頼関係もある。 （個人）自己の目標や仕事へのこだわりを常に語ることができる。同時に会社への貢献や社会への貢献も同時に考えており，社会人としての自覚もある。結果や品質に対して各人責任を感じながら取り組んでいる雰囲気で，良きライバルもいるし，尊敬する先輩もいる。

- ここでいうテーマというのは，方向性が適切であり，ビジョナリーなものであることをいい，単に記述し・説明している，といった内容のものではない。
- 戦略のマネジメントを語るには，組織の領域と個人の領域の両方を語らなくてはならない。

©Katana New York, Inc., 2006

私もCS調査というのは長く，何度も経験しているが，得意先や顧客がいう品質というのは（顧客にとって）達成して当たり前と思いたい要求水準であって，それをクリアしたからといって今の売上を維持するだけで新たなビジネスの創造にならないことが多い。また，顧客の要求水準をターゲットにするとそれが上限になってしまう可能性がある。

　個人も特段何を目指してよいか明確な目標やテーマをもっていないので，将来に対して漠然とした不安があり，会社に対する期待感も薄い結果，とりあえず資格でもとることを考える。しかし，資格をとったからといって，転職は簡単ではく，また当然資格に応じたプロフェッショナルな成果を求められる。資格の多くは知識である。知識は入れるもので，出すのは知恵である。ビジネスの現場は知恵の勝負であり，クリエイティビティが求められる。必然，新たな提案や改善などが求められ，いっそうの主体性が求められる。それなりの覚悟が必要である。個人も会社でしっかりとした貢献を残すという経験が重要である。ビジネスマンは仕事を通じて育つもので，自慢できる・人から評価される仕事が過去の自信となり将来の自分を支えてくれるものである。自分から組織にテーマを提案するくらいでちょうどよい。

■ 組織と業務

　図表3［テーマの明確性から見た会社と個人の状態］の第2エリアの話である。個人の目的やテーマが明確な場合（会社の方向性も明確であっても，個人が違うと感じていると，この第2エリアに入ってしまう），日々仕事を遂行するうえで，組織間の調整や，予算や意思決定などの制度，そしてどんな点順で業務を行うかが，担当者にとっては大切になる。乱暴な言い方だが，戦略や中計がなくても日々の業務は短期的には回る。

図表4

テーマ設定の重要性

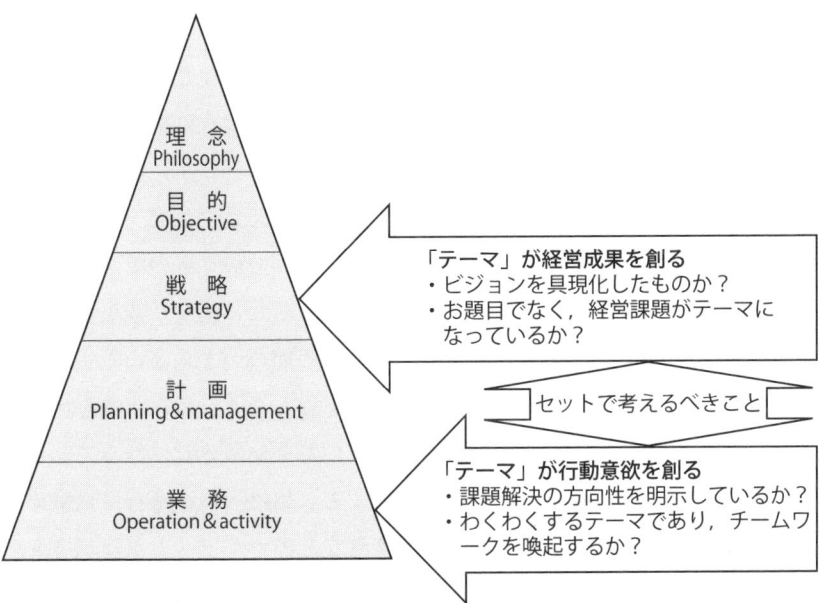

- 戦略論は環境分析をベースに持続的競争優位を導き出す。では理屈通りにやれば良い戦略が生まれるかというとそれは違う。最後は何をテーマ設定するのかのセンスである。おそらくはそのセンスを鍛える場とヒントは日常や現場にまずはあるもので、センス溢れるテーマとは、本質または瞬間をとらえた場を喚起させるものである。

©Katana New York, Inc., 2006

会社としても，将来をしっかりと展望することが難しく，いたずらに従来延長線上とはあまりに異なったことをやると，リスクが大きくなる。よって毎年似たような・毎年継続する戦略テーマが出てくることも仕方ない側面もある。しかし，社員のなかには，特に成長意欲や目的意識が強い社員にとって，毎年似たような方針や同じテーマの継続だけでは不満を感じる人も少なくない。有能である社員の多くがそのように感じるとこれはうまくない。

　たいがい，有能な社員は考え方も健全であると想定すれば，やっていることに無駄がなく，効率的であれば，会社は進んでいくものであると期待する。会社の方向性がよくわからない状態で，それに加え，意思決定が遅かったり，ブラックボックスであったり，部門間のつまらない主張による壁があったりすると気を使うばかりで，頭を使わなくなる。市場を向くべきなのに，やたらと社内に時間を消費しているという感覚になってしまう。

　これを防ぐには，組織の使命を明確にする，組織の使命遂行に無駄のない業務プロセスをデザインする，予算管理などのマネジメント諸制度を効

● エネルギーと戦略

　一人ひとりが，これをやりたい，あれをやってみたい，こんな挑戦をしたいという情熱やビジョンをもっていたとする。エネルギーに溢れているチームがあったとする。方向性が示されていないとどうなるか？　エネルギーが飛び散って爆発してしまうかもしれない。これはマイナス方向のパワーを生むことになる。たいがいはトップマネジメント批判など口にすることが多いが，真に情熱をもっているメンバーがマイナスに働いた場合は，何も言わず去ることになる。残った社員が優秀とはかぎらない。

率的に機能させるために改善するといった組織や業務を目的的に，無駄なくシスティマティックに機能させることが必要なマネジメント対策となる。

■ 戦略は組織を無視してはいけない

チャンドラーは，「組織は戦略に従う」(Structure follows Strategy) と言っている。また，このようにも言っている。

> Strategy cannot be formulated without considering structural issues. Changing existing structures can be fraught with many difficulties.

企業の創業期などは例外として，組織とは構造的な問題なので，戦略を考えるときに組織を無視してはいけないということである。

組織の形が戦略をあらわすことはよくある。よく知られているのは，スカンジナビア航空の逆ピラミッド組織である (Inverted pyramid)。顧客にもっとも近い現場をピラミッドの上にしたものである。もちろん，どんな組織形態も完璧なものはなく，変化することは大切であるので，逆ピラミッドが良いというわけではない。

仮に会社の方向性が明確であるのに，社内にうまく伝わっていない場合，あるいは，明確と言いがたいもののある程度の方向性は決まっているが，それが社員にとってわくわくするものでない場合は，組織の形をもって，経営の意思を表すことができる。

また，ミンツバーグは，事業と組織の関係において，組織は5つのパターンに収束されるだろうと言っている。

このように組織というのは経営の意思を表す重要なメッセージであることも理解しておきたい。一方で，組織をつくったからといって戦略が実行される，改善されるとはかぎらない。組織というのは，戦略と実務を有機的に効果的につなげていく機構であるということを承知しておきたい。

■ 役割と人

図表３［テーマの明確性から見た会社と個人の状態］の第３エリアの話である。会社の方向性が明確で個人の方向性が不明確というのは，理屈から考えれば考えにくい話である。程度の差と時間の差はあると思うが，会社の方針が明確であれば，ある程度は個人の方向性にも良い影響を与えるものである。毎日，会社に通っていて，会社の目的や方向性，目標が語られれば，通常は自分の役割や行動を考えるものである。ただ，安易に期待してもいけないので，マネジメントとしては，何かしらの恒常的対策を自然な形で打っていくことが大切である。

例えば，部長というのは，私がコンサルタントを始めたころは，「部長が担当している横断的プロジェクトはいくつありますか？」というのが最初の質問だった。つまり，部長の役割は，部門の仕事だけをするのではなく，本来は部門間の調整を行うことが重要な役割で，そのテーマは構造改革型，課題解決型の業務であることが多い。よって担当しているプロジェクトを聞くのである。

さて，この役割というのは組織の使命や機能から導かれるのが自然である。企業目的を達成するために，販売という機能を自社でもつ。販売のな

● 「真実の瞬間」

スカンジナビア航空の逆ピラミッドの組織は「真実の瞬間」で有名な話であるが，だから逆ピラミッド組織が常に良い訳ではない。顧客の声をその場で聞き入れ，柔軟なサービスを提供することは顧客にとっては素晴らしいことかもしれないが，非効率になることもある。現場の意思決定が強すぎて，組織の方向性との整合性がとれなくなることもある。

かの新規市場開拓という業務をやらないといけないとなると，誰がやるのかという話になる。"この人に何をやってもらうのか"という議論は，例外的にはあるが（トップクラスの人事か小さなグループにおいてはよくある），通常は，組織から役割はデザインされる。

● 組織は構造的な与件や条件で決まる

　ミンツバーグは，組織は下記の5つになる傾向があるといっている（解釈・要約は筆者が行った）。
1. 単純（シンプル）組織～直接の指示でその都度動いたり，一つの戦略機能に特化している場合。
2. 機械的な組織～仕事のプロセスや技術的条件が標準化（標準化すべき）されている場合。
3. プロフェッショナル組織～戦略がスキルやコンプライアンスで大きく左右される場合。
4. 分割型組織～アウトプットの形態から分割された方がよい場合。
5. その場限りの組織（Adhocracy）～調整や相互支援などを臨機応変にうまくこなす組織（プロジェクト的組織）。

つまり，組織は戦略も含め，構造的な与件や条件で決まる要素が大きいということである。例えば，紳士服は春夏の年2回であるが，婦人服は春夏秋冬と4シーズンある。その瞬間から，原料調達のサイクルは異なり，購買組織も購買業務も異なってくる。組織論というと，どうしても組織の形にこだわりたくなるが，組織の形が動きや風土に影響を与えることは確かであり，ではどういう形が望ましいかという議論に終始するのは間違いである。サッカーでも同じ人数，同じ形（布陣）でも運用の仕方で異なってくる。個々の能力や意気込みでも異なってくる。

例えば、営業部長と財務部長では役割は異なる。同じ部長職だから同じという言葉遊びではなく、果たすべきそして期待される成果は異なる。人がいないからといって、営業部長と財務部長を同じ人に任せるわけにもいかない（コーポレートガバナンス上の問題もある）。つまり、求められるスキルも知識も経験も異なるのである。そこで教育やトレーニングといったマネジメント課題が出てくる。

エンロン事件を受けて米国では2002年4月にSOX法（企業改革法）が施行され、ブッシュ大統領がPresident's Ten-Point Planを発表している。そもそも米国のコーポレートガバナンスは、社外取締役が中心となった仕組みであった。だが、当時は（私の記憶では）通常13名いる取締役のうち社外取締役は10名が一般的で、社外取締役のほとんどはなんらかの関係者であった（主要取引先、議会関係者など）。これではコーポレートガバナンスは機能しにくい。だからといって社外取締役（本来は独立取締役という）の仕組みが良くないというのではない。また、このSOX法の前に、1987年のトレッドウェイ委員会報告では、コーポレートガバナンスを考えるうえで、経営者の資質向上のため事前の大学教育も重要と指摘している。

このように組織的に役割を設定したとしても教育など基本的な知識や意識啓蒙などは必要であると考える。日常業務においても、購買には購買の、品質管理には品質管理の教育や啓蒙は欠かせない。改善活動が役割の一つとして強調されるのは、無論品質やコストという成果側面はあるが、問題は必ずある、もっと良くする、日々改善という眼と精神を養うことに意味がある。

この役割というのを業務と勘違いしてしまうと手段と目的が混同される原因となる。当たり前のことであるが、クレームを処理することは営業でも品質でも当該部門の仕事であるが、本来の目的は、クレームを言ってき

た顧客の満足を期待以上に満たすことである，同じクレームを起こさないように本質的原因を改善することが本来の役割であると理解すれば，担当者の動き方も変わるはずである。

● 応　心

　トップの方とお話をすると，当事者意識という話題がよく出る。トップというのは社長または副社長クラスである。緊張感をもっている人は意外と少ないものである。それは立場による違いであるので，個々の人を云々いうものでもない。最近はアウトソーシングとかお金で嫌な仕事を任せるとか，面倒な仕事は非正社員にお願いするなど，お金で解決しようとして，顧客への成果から判断していない風潮があるように感じる。特に，ちょっとした軋轢を伴った意思決定などを避ける人が多く，クレームなどは担当者に任せ，結果的に自分は解決したころに挨拶に行くという話も少なくないのではないか。バリューチェーンと言いながら，何も連鎖していない。グリーン購買だから，すべての調達先にチェック機能を要求するというのもいいが，たしかにチェックシートでマネジメントしているので責任は果たしているというのも，ついつい怪しく見てしまうのは私だけだろうか。少なくとも，一つひとつ自分の眼で確かめてみて，はじめて任せる（委託）することができるのであって，契約書上で当方のリスクはないから大丈夫だと変に賢くなるのが仕事だと思っているのは，日本人としての応心（商品が裏の在庫棚にあったとしても綺麗に磨く心。マニュアルでは伝承できない，自分の手の感触でしか気づかない職人気質）を忘れているのではないかと思う。ベンチャーを起こすだけではなく，サラリーマン一人ひとりが応心をもつこと，またそのような教育を学校を含め行うことが前提である。

■ **徹底実践と成果**

　図表３［テーマの明確性から見た会社と個人の状態］の第４エリアの話である。組織も個人も方向性やテーマが明確な場合は，個人も自律的に組織目標をとらえ，自分の目的と一致させていくプロセスをとると想定される。あるいは，組織や業務そして役割を明確にしていくプロセスを経過していれば自然に組織の目的・目標と個人の目的・目標はすりあわされている。後は，"徹底実践するだけである"と考えたいのであるが現実は簡単ではない。実は，"やってみたらすりあっていなかった""やってみたら困難を伴いこの目的自体おかしいのでは""日々の活動をこなすだけで一杯，とても経営課題を遂行するまでは"といった事態に陥ることが多い。こうした事態を改善するためには，組織と個人両者が共通言語をもって，システィマティックに取り組む必要がある。

　本書では，タイムキャピタルマネジメントという考え方と手法を紹介する。簡単にいえば，時間という共通言語を使って意識を変え，行動を変え，プロセスを変え，成果を変えるというものである。もちろん，完璧な手法が存在するとは思っていないが，参考になれば幸いである。また，いきなりタイムキャピタルマネジメントをやろうというのもリスキーである。戦略，組織，業務，役割といった手順を時間空間を投資することでこの徹底実践プログラムも機能すると思っていただきたい。

4　マネジメント戦略

　図表３［テーマの明確性から見た会社と個人の状態］に対応したマネジメント戦略として**図表５**［主なマネジメント戦略］がある。この図表にあるものがすべてのマネジメント戦略を語っているのではないので，主なマネ

1章 エグゼキューションマネジメント

図表5

主なマネジメント戦略

会社・組織＼個人	会社として方向性やテーマが明確でない	会社として方向性やテーマが明確である
個人として方向性やテーマが明確でない	**1 テーマと基本動作** 方向性を明示すること。斬新でなくても良く，確かなものを。 秩序だけはしっかりとしておく。完璧な組織はないし，環境変化で揺れ動くこともある。	**3 役割と育成** 方向性と組織の使命から各人が期待される行動様式を自らデザインしていく。 期待される行動を果たすために必要な学習機会や場を提供していく。
個人として方向性やテーマが明確である	**2 組織と業務** 戦略に基づき組織を形づくること。そして使命を果たすようプロセスをデザインする。	**4 徹底実践と成果** 実践を通じて自己実現と組織成果実現の同時達成を確認する。仕事と成果を通じて，個人も会社も成長していく。

・マネジメントとは，「人と組織が，健全で達成感を味わえる目的に向かって，簡素に効果的に動くための，考え方と仕組みおよびそのやり方」。

©Katana New York, Inc., 2006

ジメントという表題にした。**図表３**および**図表５**の目的は，戦略を徹底実践するために大きな幹の話を展開するためで，マネジメント戦略は幅広い。予算管理や目標管理制度，人事制度やメンタリング，顧客管理やCRMなど膨大である。そうした個別のマネジメント論はそれぞれ価値あるものであるが，この本では，幹の話を進めていく（もちろん，本書で紹介する幹は幹ではないという意見もあるだろうが……）。

図表３［テーマの明確性から見た会社と個人の状態］の第１エリアに対応するのが，「テーマ」と「基本動作」である。テーマについてはこの本の主題ではないので，先に触れた以上言及しない。そこで，**図表５**［主なマネジメント戦略］には，「……斬新でなくても良く……」と書いてある。テーマによって組織や業務や役割の話が大きく左右されては，戦略とテーマの話に戻ってしまいマネジメントの話にならない。

基本動作というのは，日々の行動様式をいう。挨拶がきちんとできないチームに良い成果は期待できない。

第２エリアに対応するマネジメント戦略は，組織と業務である。戦略から組織の使命を定義し機能へ分解していくプロセスである。機能分解を進めると自然と業務体系が見えてくる。結果，担当者が自分の業務の位置づけを全体の機能および使命のなかで位置づけることができ，目的的に当該業務をとらえることができる。

第３エリアに対応するマネジメント戦略は役割と育成である。役割とは本来期待される行動様式として定義されるもので，肩書きとは異なる。部長が自分の役割は部長であるというのは間違いである。自分の業務を語るのもちょっと違う。業務はあくまで業務であって手段であり，成果ではない。

育成というのは，役割を演じるためには，相応しい技術や経験そして心構えというものが必要で，そのための教育である。教育の重要性はトヨタ

1章 エグゼキューションマネジメント

図表6

焦点を当てた6つのマネジメント領域

会社・組織 個人	会社として方向性やテーマが明確でない	会社として方向性やテーマが明確である
個人として方向性やテーマが明確でない	**1** テーマと<u>基本動作</u> ↑①	**3** <u>役割</u>と育成 ↑④
個人として方向性やテーマが明確である	**2** <u>組織</u>と<u>業務</u> ↑② ↑③	**4** <u>徹底実践</u>と<u>成果測定</u> ↑⑤ ↑⑥

- この本で主に焦点を当てているのは図表の ①〜⑥ である。① から ⑥ を順次解説していく。
- リーダーシップ論やモチベーション理論または目標管理制度など個別の理論や仕組みに焦点を当てるものでない。
- テーマ(戦略)を徹底実践していくための考え方と仕組みを展開していくことが目的である。

©Katana New York, Inc., 2006

が学校をつくったことからも推察できるように，最後は人である。

　第4エリアが徹底実践と成果である。ここでいう成果とは成果測定のことである。計画に対して結果を比較・測定することで達成感や更なる改善を導くものである。

　さて，この4つのエリアに対応したマネジメント戦略の基本的な流れは第1エリアから第4エリアと展開されるのであるが，お互いが関係し合っている。したがって，役割から入り込んでも結果的に組織や業務の話に展開される。徹底実践から入っても，業務を見えるようにすることから始まり，機能の確認をすることになる。したがって，どこから取り組むかは，それぞれの会社（組織）の目的や状況に応じて選択していただければよい。

　この本では，6つのマネジメントについて言及している。**図表6**［焦点を当てた6つのマネジメント領域］に表示した。

　第2章以降では6つを順次解説していく。

5　結局，組織とは何か

　バーナード・ミュラータイムは仕事の構造をタスク，コンピタンス，回路の3つで構造化している。タスクというのは任務または課題のことである。コンピタンスというのは私の理解では仕事の質量と定義したい。ピーターセンゲは学習する組織でコア・コンピタンスを組織としての統合化能力であるとしている。コンピタンス（個人）に組織化という概念を注入したと考えるとわかりやすい。

　タスクとコンピタンスをいかにマッチングさせるかが肝心であり，ミュラータイムはそれを回路といっている。戦略または目的または目標に対し，どのようなコンピタンスを動員し，それをいかにねらった所期のタスクに

入り込ませていくかが回路である。つまり，回路図が組織図の基本設計図ということになる。組織というのは，仕事の構造のことであり，組織とは，コミュニケーション機構（回路）で結ばれたそれぞれの役割のグループのことである。

当然であるが，求められるコミュニケーションの形によって，会議も円卓になるのか，御前会議のようにコの字になるのか，教室スタイルになるか異なってくる。ネット社会の出現により，時間空間をとらえた組織マネジメント，組織生産性が今後の課題であると確信する。

● 組織の3つの形態

元海軍の技術少佐であり，戦後日本経済の復興にコンサルタントとして従事した伝説のコンサルタント岡田潔は，組織を3つの形態に分けている。

公式組織，非公式組織，仕事中心組織である。公式組織というのは機能と機能間の連携（協業）を主題にしたものである。非公式組織というのはインフォーマルコミュニケーションといったほうがわかりやすいかもしれない。面識もなく，応援をしたこともない営業マンが工場長に納期優先の依頼をしたところで，相談に乗ってくれるわけもない。仕事中心の組織というのはプロジェクト組織のことで，機能横断的に課題解決を行うためのテンポラリーの組織である。

プロジェクト・マネジメントというのがこの5〜6年ブームのようであるが，資格中心のプログラムには良さもあるが，課題もある。成熟の時代になり，創造性発揮とソリューションが求められた1990年代初頭にプロジェクト・マネジメントには取り組むべきであった。プロジェクト・マネジメントは単にPERT法のような手段ではマネジメント不能であり（プラントまたは建設のようなプロジェクトにはPERT法は適していると思うが），

企画・開発など一般的に日々ホワイトカラーに発生しているプロジェクト・マネジメントには不適ではないかと思う。仕事中心の組織というのは，成果そのものが新規であるので，メンバー構成含め，イノベーションを生み出す形でないといけない。実は，岡田潔の言う非公式組織というのは，ミュラータイムがいう回路と本質的には似ている。

　公式組織の典型的な問題は，作業が目的化するということである。同じ発想，方法，価値観で動いていれば成果が出るというリニアな発想に陥ってしまうことである。なぜ，そうした組織の形，ルールが生まれたのかの背景を知らない世代に引き継がれ，生産性やグローバリゼーション，それに加え株価や金融中心の価値観に犯された時に，組織マネジメントの問題は必然的に発生する。仕事は楽しくないというのは寂しいことである。それは仕事ではなく，業務をしているのだろう。仕事を楽しくするための基本として，仕事の目的，成果，役割といったことをゼロからデザインあるいは再確認していくことが大切である。

　ちなみに，本書の副題には「組織マネジメントの実践原理」とあるが，公式組織を主対象にしている。（プロジェクト組織のマネジメントに関しては2003年にPHP研究所から出版している。10年後かもしれないが，いずれ非公式組織の本でも書きたいものである。）

　公式組織のマネジメントの実践原理を押さえていないと非公式組織，例えば属人的コミュニケーションに偏重依存したり，寝技だけで動く組織になってしまうかもしれない。あるいは，何でもかんでも組織をつくれば解決したと意図的に錯覚したり，目的的ではなく公式組織を前提としたプロジェクトをいくつもつくってはただ繁忙感を楽しむ組織になってしまう。本書は，公式組織を前提としたマネジメント原理をまずは語るものである。

2章 基本動作

　私はコンサルタントとして最初に担当した会社を5年間担当した。5年後に事実上倒産し，銀行管理となった。今もそうであるが，政治・経済など多難な時代ではあったが，上場を目指していただけに大きなショックであった。
　その後その会社は，創業社長の弟子のような人たちによって再建され，今ではその業界では知らない人はいないという会社にまで成長した。時々その会社の話を耳にすることがあるが懐かしくもある。子供のように私をかわいがってくれた今は亡き創業社長を思い出す。完璧な人間はいないし，完璧なトップもいない。しかし，社長のビジョンと意思（いわゆる，遺伝子）は愛弟子に伝承されてきたのだと思う。私はその会社とはまったく関係のない立場となってしまったが，社長にかわいがっていただいた恩を他の場で返す役割を担っていると20年経った今でも強く感じている。
　人というのは，困ったときに根性が見える。会社の業績が落ち込んだ時にやたらと会社批判をしたり，トップ批判をしたりするが，仲間を批判してどうするつもりなのだろう。批判とは対策のない意見のことをいっている。

1　行動規範の4つの領域

■ 倫理行動

　倫理行動というのは，父性原理と母性原理の2つの側面からとらえ，3つの領域で考える必要がある。父性原理というのはルールとして決めるべきもので，放っておくと被害者が出るので法律で規制するというものである。遵法性に則った行動といえる。遵法性からはずれた行動は犯罪とみなされるもので，倫理行動とは別次元の話になる。

　2つめは，社会貢献行動という範疇で，母性原理が主となる。簡単にいえば，ボランティアのようなもので，必ずやらないといけないかというとそうではない。なくても困らない（極端な言い方で抵抗はあるが）ものである。

　その中間に位置するのが倫理行動である。実は法律以上に重要なものはこの倫理行動である。法律に触れなければよいという発想自体，人間の発想ではないし，歴史から何も学んでいない，狭い経験主義的な発想である。人間の社会というのは，自然そして宗教が社会の秩序をつくってきた。その後，法律や政治，そして最後に経済という社会秩序が生まれている。古典派経済学の発生の歴史を見れば明らかである。

　要言すれば，自然観や宗教観（見えないものに対する畏敬の念や他者との関わり合い）など道徳が前提にあっての経済活動である。倫理観の欠如した経済活動は法律以下のことをやっているに等しいと自覚すべきだと考える。

■ 行動指針

　行動指針というのは，企業理念などを踏まえ設定されるもので，その会社を構成するすべての社員の一人ひとりの日々の行動の指針となるもので

2章　基本動作

図表7

行動規範の４つの領域

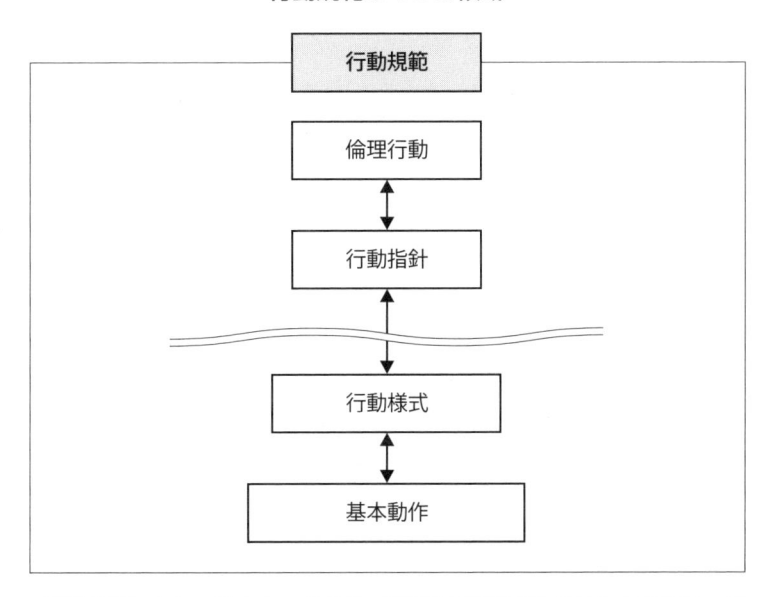

```
┌─────────────────────────────────┐
│         ┌─────────────┐         │
│         │   行動規範   │         │
│         └─────────────┘         │
│                ↕                │
│         ┌─────────────┐         │
│         │   倫理行動   │         │
│         └─────────────┘         │
│                ↕                │
│         ┌─────────────┐         │
│         │   行動指針   │         │
│         └─────────────┘         │
│       ～～～～～～～～～～       │
│         ┌─────────────┐         │
│         │   行動様式   │         │
│         └─────────────┘         │
│                ↕                │
│         ┌─────────────┐         │
│         │   基本動作   │         │
│         └─────────────┘         │
└─────────────────────────────────┘
```

・行動規範にもヒエラルキーがある。遵法性に関するものは欠かせない。実際のマネジメントで重要なのは，日々の行動から意識を高めていくことである。

©Katana New York, Inc., 2006

ある。

　内容的には，倫理行動も含め設定されることが多い。例えば，下記のようなもので，社員一人ひとりにカードサイズで配布している会社も多い。会社によっては，〈私たちの約束〉といった表現でまとめている会社もある。いずれにしても，よいことである。こういうものは困ったときに，事あるたびに見るとよい。

行動のチェックポイント

あなたがしようとすることは，次のような内容である。
1. ☐ 企業理念・社是・創業精神に沿っていますか。
2. ☐ 法律（遵法）に触れませんか。
3. ☐ 社会の良識から外れていませんか。
4. ☐ 家族に見られて恥ずかしくありませんか。
5. ☐ 自分自身で本当に正しいと思いますか。

■ 行動様式

　行動様式というのは，この4つのなかで最もわかりにくいと思う。倫理行動や行動指針は誰が見ても，どの会社にも共通して価値あるものであるが，行動様式はそういう部分（共通で価値がある）もあるがその会社・組織独自のものと理解してほしい。

　行動様式というのは，組織風土のことである。組織風土とは何かといえば，過去の行動の習慣の結果，ある共通の意識が組織のなかに定着し，事を起こす前から結果が想定されるものである。

　E. H. シャインは，「基本的仮定」と定義している。例えばこういう話である。ある上級管理職が，私はこんどのプロジェクトでこういうことをし

図表8

行動様式の相関

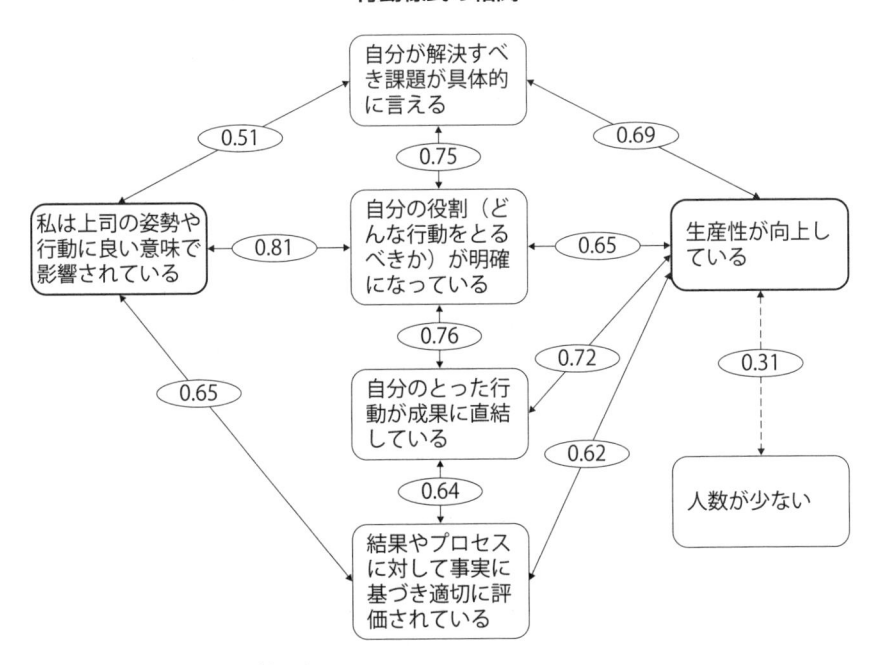

```
                    自分が解決すべ
                    き課題が具体的
                    に言える
          0.51    ↗   ↓ ↑   ↖    0.69
                   0.75
私は上司の姿勢や          自分の役割（ど              生産性が向上し
行動に良い意味で   0.81  んな行動をとる    0.65    ている
影響されている          べきか）が明確
                       になっている
                         ↕ 0.76         ↕ 0.31
          0.65            ↓           0.72
                    自分のとった行          人数が少ない
                    動が成果に直結
                    している        0.62
                         ↕ 0.64
                    結果やプロセス
                    に対して事実に
                    基づき適切に評
                    価されている
```

・数値は設問間の相関係数である。
・論理的に正しい正しくない，を語る前に，結果としてなぜこうなったかを考えることが大切である。
・この会社の場合，すでに要員の絞り込みは行われており，組織の生産性を高めていくのは，むしろ上司の行動と姿勢に感化されるような取り組みをしないと生産性は上がらないということを示唆している。あくまで推論であるが。それを単に，システム化をする，要員設定を見直す，目標管理制度を強化する……では良くはならないことを社員自らが示している。

©Katana New York, Inc., 2006

たい，と話したとする。そのとき，そこに居合わせた全員が頭の中で，「どうせこういう結果になるだろう」と予想したとする。すると結果は予想通りになるのである。風土とは怖いものである。価値ある戦略も，論理的にデザインされた戦術も，この風土がすべて壊すことができる。風土とは意識しないである行動を自然にとってしまうものである。組織の習慣なのである。その意味では，組織風土というのは，良き企業文化というのは，会社・組織にとって最高のコア・コンピタンスといえる。

　図表8［行動様式の相関］を見ていただきたい。これは社員へのアンケート結果である。ボックスの中は，アンケート設問で，矢印の間にある数字が設問間相関である。例えば，「生産性向上」と「自分のとった行動が成果に直結している」（実際のアンケート設問では，「あなたは……」など文章的にもう少しきちんとしている）という相関は，0.72である。人間の身長と体重のような物理的関係であれば，0.9以上でることはあるが，社会調査などでは0.3以上出れば検討の余地はあるだろう。ある特定組織（一つの会社や部門）において，0.5以上の相関が出れば，強い関係があるといえ，マネジメントを行ううえで，無視することはできないと考える。

　図表8の結果から，この会社・組織で，仮に生産性を高めたいと思ったら，要員管理をするのか，目標管理を強化するのか，改善活動を行うのか，いろいろな施策が考えられるが，どのテーマをやるにしても，上司の背中を見て刺激されないとうまくいかないと，社員が言っていると推察できる。つまり，テーマが重要なのではなく，運用＝やり方が成否の鍵なのである。

　図表9［行動様式が示唆または教えてくれること］では，マネジメント

図表9

行動様式が示唆または教えてくれること

① やり方を示唆
　テーマそのものを教えてくれるのではなく，そのテーマにどのように取り組んだら良いのか，推進のやり方を示唆してくれる。

② マネジメントすべき行動を示唆
　「生産性を高める」ためには，どのような行動様式をマネジメントすべきか・どのような行動様式を強化すべきかを示唆してくれる。風土や意識の背景には行動習慣がある。それは一つではなく，絡み合っている。組織の変化を早急に求めることは難しく，いくつかの行動様式（多面的）を変えていくことで全体も変化していく。その変えていくべきプロセスとなるような行動を示唆してくれる。

③ 観測できる
　問題意識を定量的に把握することができるので，優先順位がわかる。また，具体的に対策を取った後の変化を定点観測することができる。

④ 優先マネジメント領域を示唆
　戦略が明確だと思っている人と思っていない人では，役割や行動に対する認識の違いや責任感の違いはどの程度あるのか。要員設定と生産性との因果関係は変化してきているのか。管理職と担当者層との間に目標に対する理解度の違いはどの程度有意にあるのかなど，マネジメント領域間の因果関係を構造的に示唆してくれる。

⑤ 成功予測を示唆
　新たな施策やプロジェクトを起こそうとした際，どのように認識し，結果を予測しているか，あるいは施策などに対する賛同をしているのか，成功の可能性を示唆してくれる。

・行動様式というのは，インフォーマル組織のマネジメントの領域になるが，既存組織の構造やマネジメントのやり方（歴史）がどのような結果をもたらすかを予測できないといけない。意識革新という対策もあると思うが，行動習慣が意識を形成し，思考を形成する。よって，意識を変えるのは，個人相手の場合はまだ何とかなるかもしれないが，組織を対象とした場合，行動様式を徐々に変化させていくことが肝要である。

©Katana New York, Inc., 2006

上何を示唆してくれるかを列挙した。同じ取り組みでもうまくいく場合といかない場合がある。頭が痛いといって，頭痛薬が効く人，吐いてしまう人もいて，首や足を揉んだ方が治るという人もいるだろう。予算管理，目標管理，評価制度といった制度が効く・効かないのではなく，やり方（運用）に問題があるのである。

　ただ，注意していただきたいのは，こうしたアンケートはあくまで手段であるので，社会調査的なアンケート設問では何もわからないこともあるし，かえって職場風土に良くない影響を残すことも多々ある。ビジネスにおいては可能なかぎり，アンケート設問設計と結果へのフィードバックなど，意図と計画を明確にしたうえで実施することである。仮説のない検証はない。また，こうしたアンケートは一度実施したら，定点観測することをすすめたい。

■ 基本動作

　基本動作というのは，生産現場では当たり前のように日々行われているものである。治工具はここに置きなさい，指差確認しなさい，声を出しなさいなど，安全を基本にした，守らないといけない動作である。日本の製造現場は世界一（またそうあるべき）なのでそこについてこの本で言及するつもりはない。

　ここではビジネスマンとしての姿勢を前提にみた基本行動についての話である。

　図表10［基本動作モデル］では私が普段から言っていることを書いたものである。内容の程度は別にして，イメージが伝われば幸いである。対策のない意見は言わない。

　私がコンサルタントだからということかもしれないが，ビジネスである

図表10

基本動作モデル

1. ☐ 対策のない意見は言わない。
2. ☐ 議事録はできている。
3. ☐ 逃げない。
4. ☐ 必ずお土産を残す。
5. ☐ 改善をする。
6. ☐ 財産化する。
7. ☐ 感謝の気持ちを言葉にする。

・代替案がなく批判してはいけない。論理的におかしいという場合の指摘はあると思うが、ことばじりをとらえての指摘は良くない。気づかせることである。仮説なく何も言わない人は対象外である。
・会議が終わった時に、議事担当者でなくても議事録はできていて、要点をその場で確認することは基本動作である。お客さまに、「以前も申しましたが……」と言われたら終わりである。
・逃げないというのは、当事者意識のことである。顧客を見ず、自分の仕事だけをして、責務を果たしたようなビジネスマンが最近は多くなった。
・この1年何を学び、習得したか、自分のための要約をしておく。最も自慢できる図面でも、プロポーザルでも、積算表でも何でもよい。もう一度自分が使うだろうと思うものを財産化（技術化）しておくべきである。
・仕事があるということに感謝する気持ちを忘れてはいけない。「ありがとう」という言葉を口に出す。
　こういうのは、一つでも欠けたら駄目かもしれない。

©Katana New York, Inc., 2006

なら，単に批判をするのはいかがなものかと思う。トップは意思決定する人間であるから，一言「ダメ」と言うが，日常業務においては，自分だったらこう思うとか，その人の意見をもっと良くするために意見を言うなどしてほしい。何もなく，ただ「つまらない」「面白くない」というのはいかがなものか。だいたい会議でもディスカッションの場でも，自分だったらこう思うという意見を常時対比または相乗させながら思考しながら聴くのがビジネスマンだと思う。

「お前の意見はわからない」などということを日常的に繰り返したとしよう。信頼は一つひとつ崩れ，もう何も言わなくなる。だったらお前がやったらいいだろ，という感情が定着する。そして会議でも何も言わなくなる，「いいんじゃないですか」。それが風土というものである。つまり，基本動作をきちんとすることで，思わしくない風土を改善すること，そうした風土をつくらないようにすることができる。

必ずお土産を残す。

これは根性の話である。根性のないものは駄目である。営業であれば，これはたぶん決まらないなと思っても，相手がメモを取るような話をするとか，これはいいものをもらったと思わせるようなものを残してくるのがプロというものである。結果決まらないとしてもまたどこかでお声がかかるというものである。そうした根性をもつべきである。ただ，顧客の話を聞いてきました，というだけではお話にならない。以上は自戒も含めての話である。

図表5［主なマネジメント戦略］（29ページ）の第1エリアのマネジメント対策として基本動作の話をしたわけであるが，私は基本動作ができていれば会社や組織は，仮に業績がおかしくなってきたときでもどこかで止まるものだと思っている。それが組織の力だと思う。良き行動様式，良き

2章　基本動作

図表11

ビジネスヒエラルキーを行動習慣から見た企業タイプ

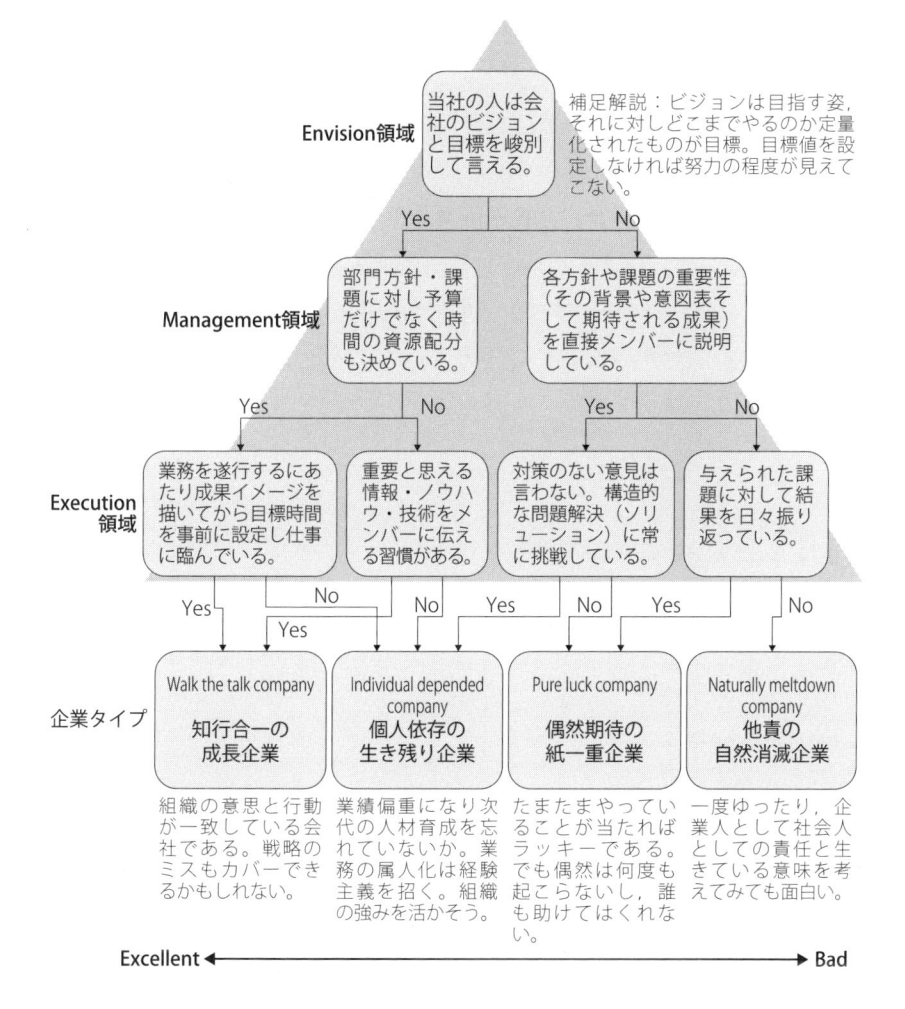

Envision領域

当社の人は会社のビジョンと目標を峻別して言える。

補足解説：ビジョンは目指す姿、それに対しどこまでやるのか定量化されたものが目標。目標値を設定しなければ努力の程度が見えてこない。

↓Yes　　↓No

Management領域

- 部門方針・課題に対し予算だけでなく時間の資源配分も決めている。
- 各方針や課題の重要性（その背景や意図表そして期待される成果）を直接メンバーに説明している。

↓Yes　↓No　↓Yes　↓No

Execution領域

- 業務を遂行するにあたり成果イメージを描いてから目標時間を事前に設定し仕事に臨んでいる。
- 重要と思える情報・ノウハウ・技術をメンバーに伝える習慣がある。
- 対策のない意見は言わない。構造的な問題解決（ソリューション）に常に挑戦している。
- 与えられた課題に対して結果を日々振り返っている。

Yes / No / Yes / No / Yes / No / Yes / No

企業タイプ

Walk the talk company	Individual depended company	Pure luck company	Naturally meltdown company
知行合一の成長企業	個人依存の生き残り企業	偶然期待の紙一重企業	他責の自然消滅企業
組織の意思と行動が一致している会社である。戦略のミスもカバーできるかもしれない。	業績偏重になり次代の人材育成を忘れていないか。業務の属人化は経験主義を招く。組織の強みを活かそう。	たまたまやっていることが当たればラッキーである。でも偶然は何度も起こらないし、誰も助けてはくれない。	一度ゆったり、企業人として社会人としての責任と生きている意味を考えてみても面白い。

Excellent ←――――――――――→ Bad

©Katana New York, Inc., 2006

基本動作がある会社・組織はばたばたとそのまま崩れることはないと信じている。

2　行動習慣から見た企業タイプ

　行動習慣つまり組織風土的に自社・組織はどんなタイプの会社なのかをシンプルに見るシートである。戦略タイプのシートではない。また,「こんなことはしていないよ」と思う内容もあると思うが,第8章「徹底実践」を読んでいただいてから再度見ていただきと思う。
　図表11［ビジネスヒエラルキーを行動習慣から見た企業タイプ］で言いたいことは,意思と行動が一致していることが大切である,ということである。

3章 マネジメントヒエラルキー

　この章は，**図表6**［焦点を当てた6つのマネジメント領域］（31ページ）の第2エリアおよび第3エリアの話に入る前の概念としての話である。

1　マネジメントヒエラルキー

　ビジネスヒエラルキーの理念は普遍的なもので，与件とする。目的および戦略から業務までの範囲に関して，マネジメントヒエラルキーを展開する。「目的」「戦略」＋「エグゼキューション」＝マネジメントヒエラルキーと思っていただければよい。
　このマネジメントヒエラルキーは，ビジネスヒエラルキーを実践していくための基盤つまり経営を支えているものである。
　戦略論では，「真似できないこと」が重要で，その一つの要素として，「ソシアル・コンプレキシティ（Social complexity）」というものがある。社会的複雑性というもので，組織文化や取引先との関係の類をいい，他社が明日から真似できないものである。マネジメントヒエラルキーを戦略論であえて位置づければ，ソシアル・コンプレキシティといえるかもしれない。なぜ，その会社が強いのか，調べてみたもののなかなかわからない。例えば，トヨタの手法を真似ても，うまくいかないことに近い。マネジメント

は人の意思の伝達密度や文化が根底にあって仕組みが動いているので，本人たちでさえ，気づいていないことがある。本人たちでさえ気づいていないものを他者が真似できるわけもない。

2 ビジョン

戦略は方向性と優先順位を示すものであるので，社員一人ひとりに浸透していないといけない。共通言語にならないといけない。しかし，「目標利益，シェア」といったゴール（目標値）のみが展開されては，戦略が浸透していることにはならない（当たり前の話であるが）。

どのレイヤーまで，どのレベルで戦略を浸透させていくかは個々の組織が決めることである。ここで大切なことは，戦略があれば，組織や人が動くかどうかである。素朴に考えれば，人が考えた戦略を必死に取り組む人はいないだろう。だとすれば，戦略プロセスに関与させる仕組みが必要に

● RBV（Resource Based View of the Firm）

RBVは自社の強み弱みを分析する考え方である。その要素が強いか弱いかを評価することより，何が強い要素なのかを探すことが難しい。競合他社比較分析を行うと，バリューチェーンやビジネスプロセスを比較しながら展開していくと分析はしやすいが，それは分析の結果であって，何の要素が強くなったのかを言っているわけではない。創業社長（特に製造業では少なくなってきたが）が伝えたい遺伝子というのは実は思うように語れない，書けないものであり，同じ時間空間を過ごしてはじめて伝承できるものかもしれない。

3章 マネジメントヒエラルキー

図表12

マネジメントヒエラルキー

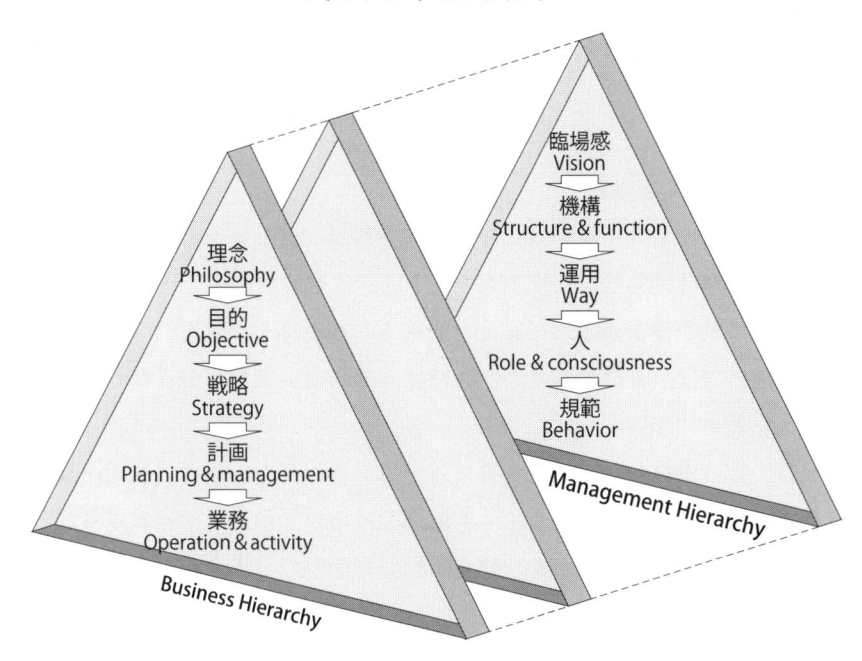

理念 Philosophy
⇩
目的 Objective
⇩
戦略 Strategy
⇩
計画 Planning & management
⇩
業務 Operation & activity

Business Hierarchy

臨場感 Vision
⇩
機構 Structure & function
⇩
運用 Way
⇩
人 Role & consciousness
⇩
規範 Behavior

Management Hierarchy

・理念も戦略も中計も予算制度も目標管理制度もある〜では期待と結果はどうであろうか。理屈だけで物事が動くわけではない。日々の鍛錬がなければ速く走ることはできない。

©Katana New York, Inc., 2006

なるわけだが，それでは時間を浪費するばかりか，本来伝えるべきことが，伝わらない可能性もある。

　人が動くという視点に立って考えたとき，必要なのは，戦略ではなく，ビジョンである。最終の成果イメージである。人はイメージがなければ動けない（戦略が必要ないということではない）。

■ビジョンが人を動かす

　共通言語となるべきものは，ビジョンである。ビジョンとは展望とか将来像という意味である。目をつぶったとき，音とか，香りとか，色とかありありと情景が浮かぶのがビジョンである。臨場感のないもの，イメージのないものでは，人は動けない。同時に，ビジョンとは，わくわくするものでないといけない。

　今日，会社が終わって帰宅する情景を思い浮かべてみよう。玄関の前にきた。インターフォンを鳴らす，玄関を開ける，子供が「パパお帰り」と言って飛びついてくる。どんな情景を思い浮かべただろうか。今日の夜は

● MBA

　MBAというものが流行っているが，どうも勘違いしているようである。MBAを取って何をしたいのだろうか？　確かに知識は理解の深さと時間効率を高めてくれる。MBAは途中の目標であってビジョンではないはずだ。転職して経営企画に入って……というのはリーダーというには程遠い。若い時はいいが，加齢とともに，ビジョンは高くなっていくものである。自分のビジョンを語ると同時に，社会・経済ビジョンを語ってほしいものである。信念と現場行動力を伴わない知識武装した社員を欲しがる社長はいない。

どんな夜にしたいかをイメージしてみよう。それがビジョンである。「10年後の会社のビジョン」という問いはよくあるが、今日の夜のビジョンもある。今日の夜はこうしたい、というビジョンがあればその通りになる。ビジョンとは、肯定的な未来図であり、行動の源泉である。

年度計画（方針）や部門計画を年度のはじめに聞いたとき、資料を読んだ後、資料を伏せた瞬間、1年後の部門のイメージが浮かんでくるだろうか？ 戦略が実践できない多くの原因はきわめてシンプルで、最終の成果イメージが臨場感をもって浮かんでこないことである。

先ほど、帰宅をイメージしてみたが、立派な家を建てることは一つのゴール（目標）であっても、ビジョンではない。家を建てても家族団欒がそこになくては、そんな家は要らない。狭いながらも楽しい我が家……、という歌があったが、それがビジョンというものだろう。戦略で人は動かない、ビジョンが人を動かすのである。

マネジメントヒエラルキーの一番上はビジョンであり、〈臨場感〉と表現した。

3　機構・運用・人

■ 機　構

戦略は持続的競争優位性をデザインするためのものであるが、それを実践するためにはさまざまな骨組み（機構）が必要である。戦略論でいうところの内部分環境分析という言い方もできるが、具体的な組織構造や制度設計のことである。

目的の方向へ資源配分を行い、そして進んでいくには、組織をマネジメントするための仕組み・ルール・秩序というものが必要である。例えば、

コンプライアンスに関する仕組みもあれば，予算管理という仕組みもある。どのような仕組みにするかは，戦略をいかに実行するかをデザインすることであり，戦略を図面化するようなものである。図面化された一つひとつの線や構造が，機構である。柔らかくいえば，仕組みである。

■ 運　用

　運用というのは，仕組みの品質を問うものである。例えば，目標管理という仕組みがあるからといって，目標が適切に浸透しているとはかぎらない。同じ仕組みでも上手・下手がある。プロセスが適切でもやり方は現場レベルで見極める必要がある。そもそも目標管理とは，目標を設定することではなく，その目標を達成するための対策をクリエイトすることであり，よしやるぞとわくわくするプロセスであり，日々の具体的な行動計画に見えるようにすることである。やるぞ，やれる，という意識を醸成していく場および時間空間の仕組みである。

　マネージャーがメンバーと面談をする場面をイメージしてほしい。「今年の部門の数値目標は100億だ。君は5年目なので10億を期待している。昨年が7億だったので厳しいと思うが，頑張ってくれ。今週中に毎月の予算計画を出してくれ。頼んだぞ。」

　こんな目標管理制度の運用では，何もやっていないのと同じである。むしろ信頼関係を壊しているだけである。数値目標をブレークダウンし，個人に按分し，どうするか考えろ……，というのはマネジメントではない。メール伝達とたいして変わらない。まあ忙しいと似たような感じになってしまう。

　目的を理解し，最終成果を共有し，なぜそれにチャレンジすることに価値があるのかを共有・共感するプロセスが，まずは必要である。

「当社は目標管理制度がしっかり計画的に組まれています。後は現場の問題です」というのはいささか乱暴な話である。「契約書をきちんと読めば書いてあるはずです」と言って美味しそうな商品を売るのと似ている。

■人

ここでいう人というのは，文字通り「人」の側面である。狭義でいえば，知識とスキルということになるが，姿勢や意思といったものもファンダメンタルなものとして含まれる。知識やスキルを高めるための方策は，機構や運用にも当然含まれる。

スキルには専門的なスキル（スペシャリティ）と普遍的なスキル（ジェネラリティ）の2つがある。スペシャリティとは例えば，設計・開発部門でいえば（事業や製品によって固有技術はさまざまであるが），CAD，FMEA，VRPといったスキルであり，営業でいえばプレゼンテーションや交渉力そして提案能力であり，企画でいえば時代を先読みする能力である。

ジェネラリティというのは，聴く能力（言葉を聞くのではなく言おうとしている意図を聴く能力），最後までやりぬく意志の類で本質的な能力といってもよい。どんなにスペシャリティがあっても顧客の言っている真意をつかむことができなければあさっての方向に行ってしまう。

メモする能力とか数字に強いといったいわば，読み・書き・そろばんの類をスペシャリティにするかジェネラリティにするかは微妙な点である。基本的なスキルといえばスペシャリティになるが，言葉を選ぶ意識などが入ってくるとジェネラリティになる。決めの問題である。

人の側面で最も重要なことは，主体性や意志の側面であり，仕事に対する価値観や姿勢である。仕事をすることは生きることであり，また仕事があることに感謝するといった気持ちがなくては，いずれ道を見失うことに

なり，拝金主義や利己主義などに依存する以外に自己を保持することができなくなってしまう。人の側面は知識やスキルといったスペシャリティの部分とジェネラリティの部分がセットになる。

マネジメントの改革は，この「機構・運用・人」の3つがセットになってはじめて実現するものである。

4 規 範

行動規範に関しては前述した通り4つある。ここでいう規範とは4つすべてのことを含んでいる。

コンプライアンスやCSRなどが不可欠な取り組みとして浸透していくなかで，「あなたはそれを家族に言うことができますか」といった類の行動規範や理念をセットにして，印刷し，名刺大のカードにして全社員に配っている会社も多くなってきた。

ビジネスヒエラルキーの最上段にある理念や社是というのは，実は日々の行動の規範になるもので，マネジメントヒエラルキーの最下段とつながっている。一周回ってつながっているようなものである。

この規範に関する取り組みは，**図表5**［主なマネジメント戦略］（29ページ）の第1エリアにあたるもので，基本動作として紹介した。

5 目的・方法・人

機構・運用・人というのは，「目的・方法・人」という概念が前提として存在している。

3章　マネジメントヒエラルキー

図表13

目的・方法・人

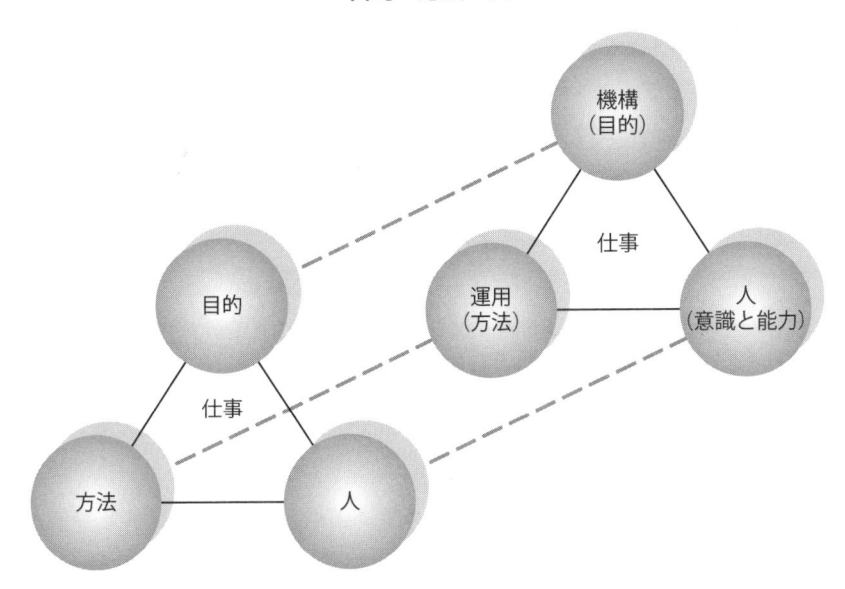

（図：機構（目的）―運用（方法）―人（意識と能力）の三角形「仕事」と、目的―方法―人の三角形「仕事」が対応）

・仕事は目的・方法・人によって構成される。目的が不適切であれば目的によるロスが生まれ，方法に無駄があれば方法にロスが存在し，適切な人を配置しなければ人によるロスが生まれる。しかし，マネジメントは簡単ではなく，「目的」はちゃんと明示していますよ……と言っても機能していないことが多い。目的・方法・人をより対策的マネジメントに言い換えたものが，機構・運用・人である。

©Katana New York, Inc., 2006

■ 目的によるロス

　仕事というのは，まずは目的を設定することから始まる。何をするのか・選択するのか，何のために行うのか，どのような成果を出すのか，を定義する。例えば，「新製品開発」というテーマに対して，新規顧客を開拓するための新製品と，既存顧客を深耕する新製品では，目的が異なる。マーケティングでいうところのドメインが異なる。

　これまではある階層またはある地域を主な市場としていたとする。人口動態がかわり高齢者が増えてくる，格差が一段と激しくなり市場ニーズの二極分化が激しくなってくると，これまで主に対象としていた顧客層を転換していく必要も出てくる可能性がある。より細かく顧客層を細分化したカッティングポイントを創造しないといけなくなる。もし，そのカッティングポイントが時代のニーズとずれていたら，せっかく開発した財（商品またはサービス）も在庫となってしまう。

　目的というのは，戦略そのものである。戦略とは〈方向づけと資源配分〉と定義すれば，経営環境という時代を読み，自社の進むべき道をデザインすることである。グローバル化の時代のなかで，製品市場以外の資本市場での戦いも眺めながら，事業の選択と自社のポジションを選択していく能力が求められる。

　その意味で，明確な目的化力を持ち合わせていない人は，リーダーにはなりえない時代といえる。

　経営環境が変わり，自社の目的にそぐわない事業や機能（営業，購買，開発，物流など）があれば，それは「目的によるロス」が発生しているといえる。

■ 方法によるロス

　目的が定義されたら，次はどんなプロセスや方法・ツールで行うかをデザインすることになる。新規顧客を開拓するならば，ブランド戦略も含め，製品コンセプトを再考するプロセスが必要になるだろう。これまでは費用をまず決めてから損益のシミュレーションをしていたプロセスを，利益ベースからスタートするとか，キャッシュフローから逆算するなどに方針転換すれば，プロセスは変わる。

　こうしたプロセスの見直しをデザインアプローチという。上から目的的にものを見て，プロセスを創造するアプローチである。

　また，プロセスを新たにデザインする必要はなく，決められたプロセスを決められた品質と資源で安定的に行うことも重要である。あるいは，決められたプロセスをより効率的に行うように改善をすることもある。

　こうした現状を前提としてプロセスを見直すことは分析型アプローチという。

　いずれにしても，そこには競争という前提がはたらいているので，以前よりは簡素に，効果的に行う必要がある。

● 目的と成果

　目的とは，方向である。指南役である。南を示す師である。北に向かうのではない。目的とは目指すところであり，行動を規定し方向づけるものである。成果とは，結果であり，出来栄えのことをいう。アウトプットを対象としている。目的を目指す途中で，さまざまなアウトプットが実現される。最終成果イメージを臨場感溢れんばかりに描くプロセスのなかでビジョンが見えてくる。戦略が形や論理であるなら，ビジョンは魂だと私は思う。

方法というのは，常に進化するもので，同じ方法を繰り返すのであれば，コストを小さくしていく工夫を恒常的に行っていく必要がある。そのためには徹底的に標準化をするなどの改善の習慣が身についていないといけない。この習慣を身につけていくには，普段からの問題意識と改善行動が前提になる。

　改善というと，すぐに製造現場を想定してしまうかもしれないが，ここで主に対象としているのは，非製造部門である。人件費か労務費かという区分ではなく，製造現場以外である。プロセスが目に見えるかどうかである。製造現場は歩けばそのプロセスや生産性が目で確認することができる（もちろん，自動化が進み，モジュールが大きくなり，ブラックボックス化していくと多少見えにくくなる場合もあるが）。

　製造現場以外のワーカーの仕事は基本的に頭の中である場合が多く，そのプロセスや成果が目に見えにくい。もちろん，事務集中センターのように，事務そのものが紙の流れ作業的に，標準化が進んだワークはプロセスや方法が目に見えやすい。

　このように，方法のロスというのは，そのやり方が見えることが前提で（見えないものはマネジメントできない），次にそのプロセスややり方が目的に対して簡素で効果的であるかを改善していくことをいう。ファクトファインディングが基本である。

■ 人によるロス

　方法が決まったら，誰がそれを行うか，要員は何名くらいか，どんなスキルを必要とするかが見えてくる。

　目的が合致しているとして，最適な方法やプロセスでなければ，そこには方法によるロスが存在することになる。目的および方法が合致していて

も，新人に難易度の高い仕事を任せても無理はある。人によるロスが最後に存在する。

　前述したが，スペシャリティとジェネラリティの両面で人の側面はとらえる必要がある。日々のビジネスにおいては，各人が営業，設計，購買といった機能（部門）で仕事をしている。その部門機能の業務を遂行するうえで必要なスペシャリティというものがある。このスペシャリティを習得するには，一般に OJT と Off-JT があることは皆知っている。基本的な知識だけでは不十分であるので，管理職研修とか技能検定など知識やスキルは段階的にその人への期待と役割の向上とともに，高められていく。知識やスキルは，実践によって体得される。使わない知識は忘れ去られるものであるし，スキルは常に粛々と腕を磨くことが肝要である。

　スキルや知識があっても，その業務についてやる意志がないと成果はおのずと知れる。モチベーションと主体性の話である。モチベーションなど

● 分析型アプローチとデザインアプローチ

　改善には大きく2つのアプローチがある。現状を分析し，現状を少しでも良くしていくアプローチ，これを分析型アプローチまたは積上型アプローチという。一方，目的的にどうあるべきかを考え，現状にとらわれず新たにプロセスや方法を創造するアプローチをデザインアプローチという。

　デザインアプローチには戦略的な視点が必要になる。私の感覚では，細かいことに気づかない人は大きなことには気づかないので，この2つのアプローチは（あるいは腕と言い換えてもよいが）同居している。よってデザインアプローチの方が戦略的でかっこよく見えるかもしれないが，現場に立たないデザインアプローチなどは存在しない。

は個人の責任と片づけてしまうこともできるが，それぞれがチーム・組織・社会としてかかわりあって生きている以上，無視してはいけない。本人の努力も含め，モチベーションのマネジメントも必要になる。ただ，多くは目的が不明確であるとか，明確でも十分に理解されていないといったことが多いと思う。モチベーションの話を持ち出した時点で，手遅れで，まずは目的の議論が前提である。それと，モチベーションを語る場合，これもまた多いのだが，本人の主体性がないことが原因である。

取締役クラスになれば，スキルとか知識とかは別に高いジェネラリティが要求される（スペシャリティも同様であるが）。人間性などが当然，要求される。コーポレートガバナンス発祥の地である英国では，取締役のスキルと人間性を検定する政府機関があり，取締役認証制度がある。

マネジメントヒエラルキーでいう，機構・運用・人というのは，そのベースとして仕事の目的・方法・人が存在する。目的・方法・人というのは，目的と手段の系列と同様で，経営レベル，部門別レベル，個人レベルすべてに適合する。

3章 マネジメントヒエラルキー

● コンピタンス，スキル，ケイパビリティ，コア・コンピタンス

　コンピタンス（Competence）は能力，資質，適性という意味で使われる。例えば，Competence in coping with a problem 問題処理能力という。スキルというのは熟練した技術のことで"上手"という意味。Capability も能力や才能という意味がある。

　普遍的なスキル（ジェネラリティ）は，コンピタンスと言った方がイメージに近い。ジェネラリティを例示すれば，目的化力，目的を理解する能力，聴く能力，定量化能力，事実を見る能力といったものである。スキルは業績に対し比較的，直接的に影響を与える。コンピタンスはスキルと異なり目に見えにくいものである。先に問題処理能力と言ったが，その問題の真因を把握し，最適なスキルや方法を選択し，原因に集中させることで問題の解決はできる。つまり，コンピタンスというのはスキル×目的力のようなもので，スペシャリティ×ジェネラリティといえる。

　経営の領域では，複数のコンピタンスの集合により持続的競争優位性をもたらすパワーをケイパビリティということが多い。例えば，開発力といったとき，そこにはさまざまなコンピタンスのコラボレーションが存在するはずである。また，コア・コンピタンスという言葉があるが，一般的には中核的能力といわれている。本来は，集団的学習能力をいう。

　Core competence of the organization では下記のように定義されている。

　"the collective learning in the organization, especially how to coordinate diverse production skills and integrate multiple streams technologies."

　集団的学習能力（コア・コンピタンス）を言っているのか，個人のスキルを含めた資質（コンピタンス）を言っているのか，強みの集合体（ケイパビリティ）を言っているのか，峻別するとよいだろう。

● 人は最後

　〈目的―方法―人〉の順番で考える。目的のないところにマネジメントはない。よって最初に目的を問う。次に方法を問う。最後に人を問う。この順番でマネジメントは考える。実際はいったりきたりする。

　経営は人なり，という。たしかに，会社は社長の器以上にはならない。では最初も最後も結局は人，ということにしてしまえばマネジメントにならない。良い人が欲しいと求めることではなく，良い人が育つ仕組みがあるかどうかが重要である。ただし，すべての人が勤められる会社である必要はない。

　また，上級マネジメント職や特命に関しては，人事システムとは別に，戦略的に個別に行われることが常である。彼に何をさせるかを先に考え，テーマは次に考える。通常の人材マネジメントにおいては，人は最後の領域である。

4章 機能・業務・役割

「目的・方法・人」を「機構・運用・人」に展開してきた。さらに,「機能・業務・役割」に展開する。

■ 機能と業務

目的に応じて絵姿が決まる。機構である。形に表れるもので構図といえる。組織(図)は機構である。意思決定制度,方針管理,予算制度,目標管理制度,在庫管理といった制度(設計)やルールは,組織図よりは小さいが,機構であり仕組みである。そして同時に運用の領域も含まれる。

機構を大きい順番であげれば,会社の形(本社,子会社,事業部,エリアなど),取締役会の形(委員会設置,社外取締役など),部門組織,階層(取締役,執行役員,部長など),制度(中期経営計画,年度計画,方針管理,予算制度,目標管理制度,意思決定制度,在庫管理制度など)となる。

制度の段階になると,その上手さ下手さが問われるので,機構から運用そして業務へ展開される中間地点に位置するもので,制度は機構と運用の両方の側面をもつ。どのように運用されているのかを問うことになる。その運用の具体的な手順(プロセス)が業務である。

例えば,方針管理はいくつかのプロセスから構成される。もし,プロセスに欠如(抜け漏れ)があれば,その仕組みは目的を達成することはでき

ない。ある仕組みが目的を達成するようにはたらいていることを，"機能している"という。機能とはいくつかのプロセスが相互に関連しあって，正しく動くことによって所期の目的を果たすことができる。

　機能をブレークダウンしていくと，業務になる。設計という機能は，図面検索―構想案作成―設計―CADデータ変換―DR―FMEA―FTA―出願資料作成などの業務プロセスで構成される。このプロセスを短くする・標準化することで設計のオペレーション効率を図ることができる（設計を機能というのは違和感があると思うが，機能から業務への展開という流れの中で機能という言葉づかいをしたのでご理解いただきたい）。

　設計しました，といっても適切な図面であるかどうかは別で，単に処理しているわけではない。図面データベースと比較しながら，生産技術からのチェックリストを使って考えながら図面を描いているわけで，適切なプロセスを踏んで作成している。

　目的が変わることで機能も変わる。例えば，人事部門の機能の一つに採用という機能がある。採用の目的を，〈優秀な学生を10名取る〉と定義したときの業務プロセスを想像してみてほしい。一方，〈採用は広告である〉と定義したらどうなるであろうか。採用とは，多くの学生から認知され，応募がくることが重要であるので，応募の数を成果指標と定義する。多く募集がきたから採用するとはかぎらないとする。この場合の業務プロセスを想像してみてほしい。〈採用〉という機能の目的・成果を変えることで業務はまったく異なってくる。成果指標そのものが異なる。

　以上のように，機能から業務のプロセスを見直す視点と業務から機能が無駄なく効果的に遂行されているかを見る両方の視点が必要である。前述

4章　機能・業務・役割

図表14

機能・業務・役割

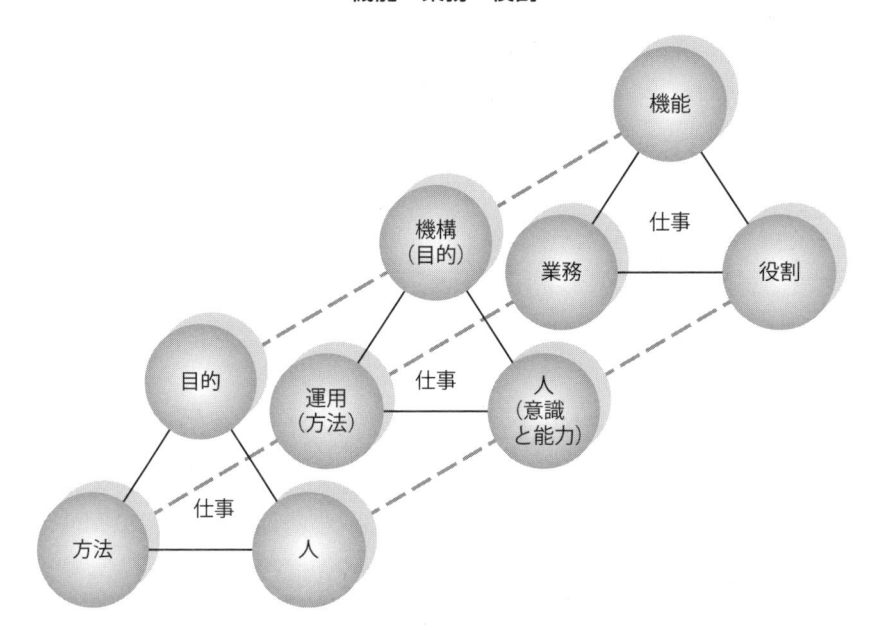

©Katana New York, Inc., 2006

したデザインアプローチと分析型アプローチで機能と業務の関係を見る。

■ 業務と役割

役割というのは人が演じるものである。同じ役者でも舞台が変われば役も変わる。課長のときと部長のときでは役は違うので演じ方も変えないといけない。動作に俺流はかまわないが，求められる機能（役割の前提にあるもの）を忘れては困る。

例えば，以下のような話である。
- 品質保証の人が設計の人と一緒になって改善をした。
- 経営企画の人が，期末売上達成のため，販売現場で販売サポートをした。
- 研究開発の人が，来月に迫った製品発売に向け，開発部門の手伝いを毎日やった。

気持ちとしてはとてもよくわかる話である。しかし，こうしたことがよくあるというとどうだろうか。気持ちはわかるが，これはまずい。品質保証や経営企画や研究開発の人にはそれぞれ使命というのがあって他にやるべき業務があるはずである。目的的に計画的に支援をするというのは異なる。

では，次の例はどうだろうか。

営業部長であった人が財務部長になった（例えばの話である）。営業部長だった人は財務や会計というのは知識も含め経験もなく正直自信がない。財務となるとお金の話なのでいい加減なことはできない（営業はいい加減でよいという意味ではない）。そこで，資産のオフバランスなどによってALMのバランスを改善するという基本的使命を果たさないといけないのだが，どうもよくわからないので，その業務は担当課長に任せることにした。

こういうのは法律で決まっている話ではなく，会社で決めるべきことなので，正解・不正解はないが，一般的に考えれば，この業務は財務部長が責任をもって行う業務であろう。もし自分のスキルや知識がなければどこか出向してでも勉強し，できるようにならないといけない。

役割というのは好きとか嫌いとかの話ではない。嫌でもやらないといけないのが役割である。このように，部門使命や機能から基本的に果たさないといけない役割を基本的役割（Role taking）という。

Risk taking という言葉があるが，役割も文字通り，取るものである。一度とったら，たとえ熱くても重たくても落としてはいけない。そうした意志は姿勢が必要である。役割は組織の使命および機能そして業務から導かれるまたは相互関連するもので，必要なスキルや知識（スペシャリティ）だけでなく，ジェネラリティも同時に要求されるものである。

「セル生産をしています。製品の裏に製造担当者のサインを入れています。クレームがきました。サインした担当者に渡しました」——これは役割から考え正しいか間違いか。考えていただきたい。

■ 機能と業務と役割

どんなに役者が良くても，全体のシナリオ（機能）が面白くなければ面白くない。細かな演出（業務）に気が配られていないとぞんざいな仕儀となり，緊張感をつくり出すことはできない。そのまた逆もある。

機能・業務・役割というのはハーモニーのようなもので，どれか一つ欠けてもよいというものではなく，相互に相乗効果を図りながら進化していくものである。マネジメントで最も重要なことは，このハーモニーであり，つながり（リンケージ）である。「機能と業務はきちんと文書で記載されて

います」，では駄目で，そこに意志が入りこむプロセスが大切なのである。報告や説明というプロセスを挿入してもよいが，そうしたアクティビティが形骸化していることも事実である。時間空間をいかに一緒に過ごすかが大切であろう，多大な時間を使えというわけではなく。

■ ビジネスヒエラルキーの裏にあるマネジメントヒエラルキー

ビジョン，機構，運用，人，行動規範の流れを見てきたが，形としてのビジネスヒエラルキーを実際に動かしていくものがマネジメントヒエラルキーである。

共有化すべきは戦略ではなく（だけではなく），ビジョンであり，組織図で会社が動くのではなく，役職があれば人は役を演じるのであり，日々強制してでも徹底する基本動作が下支えとなって，すべてをリンケージしていくことがマネジメントである。

● 機能と役割

機能は英語でFunctionという。全体を構成している各因子の役割をいう。役割は英語でroleとかpartという。Roleというのは社会学では，「人は役割を演じることによって社会を構成し，変容させる」という考え方である。役割を分担するという意味合いで，allocationという単語を使うことがある。演劇でも"あなたのパート"という言い方がある。機能と役割とは近しく関係している言葉であるが，私としては，経営においては，機能とは組織や部品などに使い，役割とは人に使うとわかりやすくなると思う。

4章　機能・業務・役割

図表15

機能・業務・役割の相関

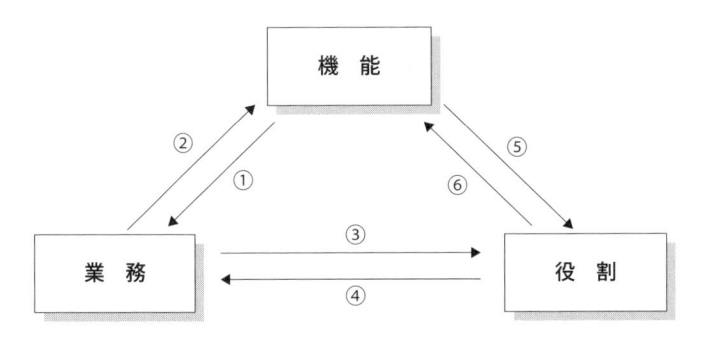

```
              機　能
         ②  ↗↙ ①      ⑤ ↖↘ ⑥
    業　務  ――③――→  役　割
            ←――④――
```

① 機能は業務によって具現化される。
② 構成される業務が適正に行われることにより機能は遂行される。
③ 適切な業務の設計により役割が効率的に演じられる。
④ 役割を具現化するのが業務である。
⑤ 求められる機能を演じるのが役割である。
⑥ 各人が適切に演じることによって機能は遂行される。

・機構は機能，運用は業務，人は役割と展開している。大切なことはそれぞれがつながっていることである。

©Katana New York, Inc., 2006

● 運用と非公式組織

　非公式組織というのは，普段からのコミュニケーションそのものである。レポートに書かれている現場の声を読むのではなく，実際に会って話を聴くといった行為そのものである。こうした運用を仕組みとして形やルールにしてもよいのだが，その瞬間形骸化する可能性もある。ただ，結果が良ければ継続されるだろう。それを，単に効率化という視点で，一人ひとりが役割を果たせばそんなものは無駄だと切り捨ててしまうと神経のない，筋肉単位の集まりとなってしまい，一つの刺激（目的）で連動しなくなる。個々に刺激を与えないといけなくなる。すぐにそうなるのではなく，そうした非公式組織の大切さをわかっている人が存在している間は，その人の属人的能力でカバーしているが，次の世代になると，形になって見えないものは伝承できないので，必然，機能的にしか動かない。そこで非公式組織は消え，結果，成果の連動は見られず，不良品も平気で後工程へ流すといった事態になる。目的意識をもっていれば，非公式組織の話など必要ないのかもしれないが，グローバルレベルでの効率化が進む中，納期に追われ，処理が目的化している現場・職場では，言わないと動かない，事前に決めていないとやらない，結果できる人（目的意識をもっている人）に仕事が集中してしまう。特に近頃では，SOXや不正などの影響もあり，業務チェックの工数が増えているようであるが，環境が変われば，やり方も変わる。きちんとチェックしていますと説明責任だけ果たせばいいのだろうが，結果が伴うとは限らない。業務ではなく仕事とは何かを問うべきである。

5章 部門の使命と機能

　部門の使命を説明するために、機構・運用・人ということを説明してきた。この章では、**図表6**［焦点を当てた6つのマネジメント領域］（31ページ）の②の話であり、具体的に部門の使命と機能をデザインしていくことにする。

1　戦略区分と部門使命

■ 戦略区分

　戦略は、大きい順に企業戦略、事業戦略、機能別戦略と展開される。企業戦略はコーポレートストラティジーといい、事業戦略はビジネスストラティジーという。企業戦略は、各事業の選択と優先順位を扱うもので、例えば、この事業は売ったとか、この事業には更に投資するといった事業ポートフォリオを考えるものである。代表的な戦略は多角化戦略や提携の戦略である。有名なアンゾフマトリクスも企業戦略の一つである。

　事業戦略とはその事業の持続的競争優位をいかに高めていくかである。SWOTなどはこの領域に入る。

　機能別戦略はファンクショナルタクティクスといい、部門単位をイメージするとわかりやすい。営業戦略、購買戦略、製造戦略などである。機能

別戦略が必ずしも事業戦略の次にくるかといえば，そうとはかぎらず，財務戦略などのように企業戦略，事業戦略の各レベルで議論される。営業戦略などもグローバルレベルで議論される場合もある。その会社・組織の規模，事業，方向性によって戦略区分の幅も柔軟に考えてよい。

■ 使命体系

使命体系は，戦略区分と適合するようにブレークダウンしていく。最終的には機能別の使命がイメージできる程度までブレークダウンできるとよい。

企業使命では，ゴーイングコンサーンが書かれている。それを事業使命では，将来事業と現状事業に分けた。将来事業では，インタンジブルアセットの質向上，CSRの向上，ブランド価値の向上などがあがっている。ブランド価値向上が将来事業の使命に必ずしも入れないといけないというわけではなく，一つのモデルである。CSRやブランド価値に対する，このモデル会社の目的（使命）は，高感度と顧客からの支持を向上させることがねらいである。すべての顧客を対象とするのか特定顧客を対象にするのかで異なってくるが，必ずしも寄付をするとか，高い商品をつくるといったものである必要はない。どうしたら高感度が高まるかは各企業を取り巻く環境やその会社の歴史や強みなどを考慮し，それぞれ独自に考えることである。

では，仮に感度を高めていく方向性と具体的にやることが見えてくると，どの部門が担当するのか，新設するのか，外部に部分的に依頼するのかなどが見えてくる。

このような整理をするのは面倒だな，と思う方もいるだろうが，企業の合併や提携，環境変化に対応した最適な資源配分などを考えれば，こうし

5章　部門の使命と機能

図表16

戦略体系と使命体系

```
┌企業戦略┐  ┌事業戦略┐    ┌機能別戦略┐
    ⇅          ⇅              ⇅
```

企業使命	事業使命	機能使命	
		分野使命	部門使命
(イメージ) 継続する企業としての安定的経営基盤と企業文化の強化	将来事業の育成とそれを生み出す事業基盤の強化	経営課題の解決活動促進	企業発展の機会を獲得する
			経営各層の意思決定活動の効率向上
		事業資源の競争力強化	経営組織の活動基盤の強化と効率化
			経営組織の人的資源の強化と効率化
			インタンジブルアセットの質向上
		社会からの好感度・支持度の向上	CSRの向上
			ブランド価値の向上
		事業革新による必要成長力の確保	新規事業確立による成長力の強化
			技術開発等による市場開発
	現事業の持続的競争優位の確立と収益性の確保	持続的イノベーションによる収益性および市場ポジションの確保	製造・生産面における生産性改善
			バリューチェーン全体の生産性向上
		現事業の市場地位の向上と営業利益体質の強化，改善	現事業の営業績向上活動の強化
			地域直販事業の営業利益の拡大
			広域需要市場の事業利益の拡大
			現製品の新規顧客創造
		現事業の物流システムの競争力と効率の向上	物流革新による競争力強化
			総合的物流システムによる運用効率

⇒ プロセスデザイン

・「戦略を実現するために何をしないといけないのか」を使命として記述したものである。

©Katana New York, Inc., 2006

た使命体系は戦略の都度常に見直すくらいでちょうどよい。ゼロからつくるのは大変だが，最初につくってしまうと後は見直しだけになるので効率的に戦略マネジメントの議論が可能になる。

　機能使命は，分野使命と部門使命の2つに分けて整理しているが，必ずしも分ける必要はない。機能のブレークダウンをさらに進めていくと自然的に具体的な業務へ展開していく。

　この使命体系をゼロから創造するのはなかなか難しい。当然ではあるが，現状組織の使命は何かというものを整理しながら，本来の使命は何か，今後の使命は何かなど検討していくのが実際的である。

　こうした使命体系は整理されているという会社もあると思うが，新規事業，顧客管理といった表題的なものでは駄目である。目的的に何をどうするか，と記述することである。分野使命と部門使命に分けているのは，ややもすると，強化，管理といった曖昧な言葉で終始してしまうのを避ける目的がある。

2　機能関連図

■ 機能使命のKJ図解

　図表16［戦略体系と使命体系］にある機能使命をすべて列挙したとする。既存組織の使命から考えているので組織分担イメージもしやすいはずである。

　機能使命を企画機能，開発機能，調査機能といったように，類似性を考慮しながら，レイアウトしていく。当初はあまり部門イメージにこだわらないほうがよいだろう。レイアウトはKJ図解をするような感じで，関連する機能をくくり，一つの島をつくり，線で関係性を構築しながら全体の

5章　部門の使命と機能

図表17

機能関連図

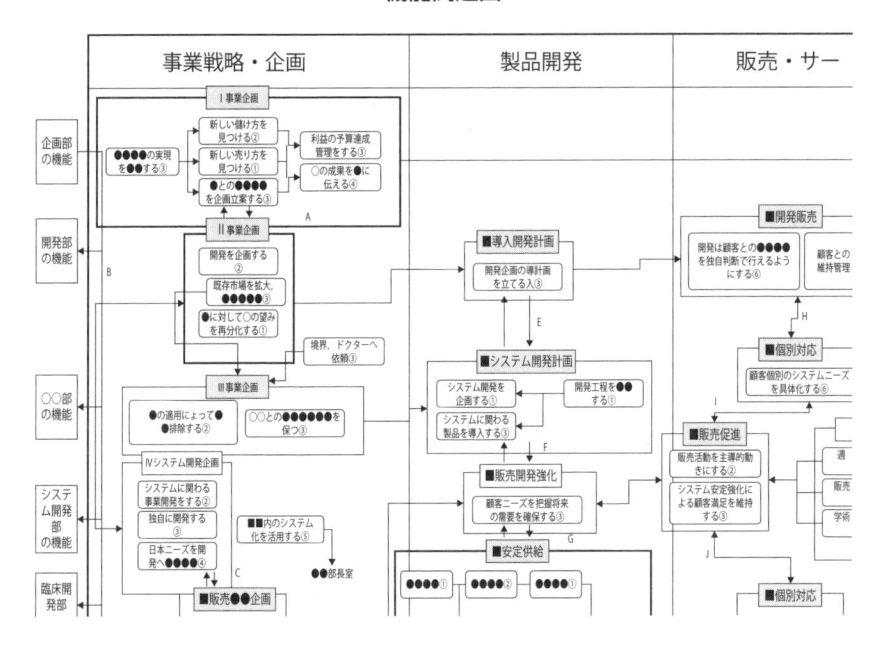

・戦略から使命を導きそして機能として整理する。それを組織として構造化したものが機能関連図である。機能の抜けや洩れ，どこが課題なのかを鳥瞰することが大切である。

©Katana New York, Inc., 2006

機能関連図をつくっていく。

PLAN-DO-SEEといった軸が整理しやすいだろう。

全体の図解ができれば完成ではなく，そこからが最も重要なプロセスになる。この機能関連図に抜け洩れや強化すべき機能は何かを検討する。機能のそれぞれのボックスが経営課題になることもあり，ボックス間の矢印の強さや品質が経営課題になることもある。

本来の目的を達成できる機能体系になっているのか，どの機能間の効率性が高いのか低いのか，どの機能の生産性が高いのか，どの機能が重複しているのか，新たにこの会社と提携するとどのような機能体系になるのかなど一つひとつ課題を列挙していく。その結果，必要な修正や追加を行う。

この検討のプロセスでは，戦略そのものの確認も出てくるので，上級管理職クラス全員が集まって合宿か何かで議論できると面白いかもしれない。

最終的に，あるべき機能体系図が現状機能図と対比した形で完成する。

以上のプロセスを踏むことで，以下の質問に応えられるようになる。

● 事業部の機能の数はいくつあるか言える。

● 機能関連図と運用

　機能を列挙し，目的的・効率的に構造化していくことで組織機構図ができあがってくる。しかし，すべてがデザインされ，解決されるわけではない。機能間の連携，つまり**図表17**［機能関連図］でいえば，矢印（線またはパイプ）の中を流れている情報やその流れ方が問題になる。成果というのは，タスクを明確にして，必要な資源（人や情報など）をタイミングよく，無駄なく投入することによって発現されるのである。それが組織というものである。矢印のあり方が運用そのものといえる。ただし，当該機能の目的や成果が明確でないと運用のデザインはできない。相互・相乗関係にある。

5章 部門の使命と機能

図表18

部門別の機能体系

	企画部	開発部	システム開発部	臨床開発部
機能	① 新しい売り方を見つける ・新規顧客を開拓するための全社3年計画が各部の役割も明記して作成されている。 ② 新しい儲け方を見つける ・現状顧客のセグメント別に既存製品の付加価値を増加させる対策が具体化、文章化されている。 ③ 利益の予算実施管理をする ・製品別、顧客セグメント別に利益目標が設定され、その対策として納入価格、システム販売のガイドラインが守られている。	① 業務を円滑に行うための体裁作り、これに基づいて運営を行う（部門を管理する） ② 開発を企画する ・市場ニーズに合った製品を速やかに開発導入すべく、企画立案する。 ③ 開発企画の導入計画を立てる ・上記企画に基づいて、詳細計画をたて、発売に向けた製品開発を実行する。 ④ 顧客との信頼関係を維持増大させる ・顧客に対して、直接間接的に必要情報（学術情報・製品情報・クレーム対応等）を提供したり、研究サポートを行うことにより、顧客との信頼関係を維持増大させる。	① システム開発を企画する ・システムに関わるニーズ、問題点を具体的に企画立案する。 ② システムに関わる事業開発をする ・製品に関わらず、システムに関わる顧客ニーズを具体化し、事業化する。 ③ 独自に開発する ・承認の基で日本市場に合った製品を日本独自に開発する ④ 日本ニーズを開発へ反映させる ・開発へ参加し、日本のニーズを新製品開発へ反映させる。 ⑤ 顧客個別のシステムニーズを具体化する	① 本年度活動目標が見える状態（単年度目標成果を見通す） ・年度末の売上、利益を固める。 ・確度の高い販売予測を立てる。 ・予算達成の活動方針を立てる。 ・グループ、製品別活動計画を立てる。 （確度の高い予測を立てることで、活動経費・利益の分配が行える） ② 年度販売目標達成（販売活動を主導的動きにする） ・既存顧客への販売。 ・新規顧客への販売。 （顧客特約管理、新規開拓、卸維持管理、顧客サービス、新製品販促、既存製品中止、価格政策実行）

- 機能を部門（組織分担）に落とし込む際、機能を実現するための業務内容をできるだけ具体的に（アウトプット表現か行動表現が望ましい）列挙・記述することである。こうした検討時間を無駄とか面倒だと思ってはいけない。基本動作である。
- より詳細に機能の分解と業務プロセスをデザインしていく場合、この後に出てくる「機能分解とプロセスデザイン」を行う。この場合、現状の業務プロセスを参考にしながら作成すると比較的効率的である。

©Katana New York, Inc., 2006

- 強化すべき機能が言える。
- 機能間の課題が言える（すべての機能間ではなく，重点課題として）。
- 生産性を高めていく機能が言える。
- 統廃合した機能が言える。

繰り返しになるが，戦略やテーマがしっかりと決まり，伝達されているので大丈夫ということではなく，本当に機能するようにマネジメントしているのか，という問いである。面倒かもしれないが，一つひとつ整理することが，「急がば回れ」である。

3 部門別機能体系

機能関連図を整理した結果，この部門別機能体系が整理される。改善前の現状機能体系と比較すると，戦略の変更点や追加点などが部門間でよくわかるようになる。

また，各部門のトップは，自部門の機能の数を定量的に把握できるだけでなく，年度方針としても使用することができる。部門方針にブレークダウンされてしまうと，数値目標などにどうしても興味が集中し，大局的な方向性を示すことができない。そのとき，この資料を使うとよいだろう。どの機能が追加になったのか，統合されたのか，強化すべきなのか。この後の業務体系との関係でいえば，部門機能は部門の業務大分類に相当するものである。通常，部門の機能の数は，上場企業製造業であれば7～10個程度ではないだろうか。もちろん，企業規模や戦略によって13個とか15個とか出るケースもあるし，5個といったケースもある。

5章 部門の使命と機能

図表19

機能をデザインする3要素

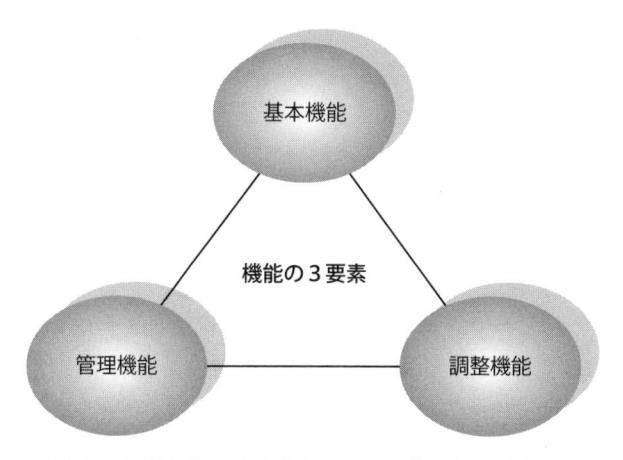

```
        基本機能
       /       \
      /  機能の  \
     / 3要素     \
   管理機能 ———— 調整機能
```

・例えば，営業部門の基本機能の一つは「販売」。販売をより効率的に行うための「実績管理」は管理機能，製造と標準納期を変更することは調整機能となる。

©Katana New York, Inc., 2006

4　基本機能・管理機能・調整機能

機能を検討する際，戦略から使命を展開する以外に，機能の種類から抜け漏れなど検討することができる。

■ 基本機能と管理機能

基本機能は，その部門が本来行うべき機能のことである。この機能に多くの資源が投入されていないといけない。管理機能というのは基本機能を支援するものである。営業であれば販売や拡販は基本機能になるが，販売管理（得意先別の販売状況を計画対比で把握するなど）は管理機能になる。

管理機能がその職場の基本機能であることもある。先の販売管理や業績管理などは営業業務部とか業務課という組織があればその部門の基本機能になる。重要なことは基本機能を支援するための管理機能であることを忘れないことである。管理機能や管理部門がやたらと強くなることがあるが，成果は基本機能の部門や業務に現れる。

管理機能は，見方によってはサービス機能ともいえるが，どんな定義で使うかは組織の問題である。定義しない言葉は使わない方がよいだろう。

機能関連図で，組織戦略や部門戦略を全社視点で検討する際，基本機能と管理機能のウエート（資源配分）や効果（資源配分に対する成果）も重要な視点になる。

■ 調整機能

調整機能というのは当該部門を越えたもので，他部門調整や外部調整になる。外部との調整が基本機能であることもある。営業でいえば，顧客と

の交渉は基本機能になるが，生産管理との納期プライオリティに関しては，調整機能になる。この調整機能に結構多大な時間を要している会社もある。その原因の多くは，部門機能が不明確であったり，役割を理解していなかったり，プライオリティを見失っているなど基本的なことが多いのではないかと推察する。

　生産管理のように，販売と購買と製造との間に立って，時間と量のバランスを効率的に保ち，同時にコストをマネジメントする部門もある。調整機能といっても，基本機能として行っている機能もあれば，結果的に調整せざるをえない調整業務もある。そうした調整業務をより少なくしていくのが，このプログラムの目的でもある。

　調整というのは本来あるべき姿や計画があって，調整をしないと，声の大きい方や，単に早く言った方とか，仕方ないかなとか，本来の目的とは異なる尺度で決まることが多くなる。

　こうした業務はたいへん気を遣う業務である。また，精神的にも疲れる。まずは基準をもって計画的にマネジメントすることである。このプログラムはこうした調整業務を減らしていくことも目的の一つである。

■ 機能を考えるうえでのその他の視点

　機能全体を見るうえで，コーポレートガバナンスの視点も重要な視点である。これは調整機能とも関係する。例えば，営業で企画をして営業で実行して，営業で評価をするというプロジェクトがあったとする。どこに牽制機能があるのかわからない。また，米国SOX法の影響を受けて，日本でも詳細な業務チェックなどを客観的に行うという傾向は多少でも強くなるあろう。私個人としては，説明責任（アカウンタビリティ）を果たすために形骸的に業務マネジメントを行ったり，管理工数だけ消費するというこ

とがないよう有意味にこうした動きには対応していただきたいと願っている。その意味でも，機能や業務のデザインを戦略的（中計の期間ごとに，方針転換の際，組織統廃合の際，M&Aの後，業績結果の振り返りの時など）に目的的（本来の組織使命が果たされていたのか，機構の定義に問題があったのか，運用に問題があったのかなど）にやっていただきたいと思っている。

6章 業務プロセス

図表6［焦点を当てた6つのマネジメント領域］（31ページ）の③の話である。

1 機能分解

機能別戦略から部門使命へ展開し，機能をブレークダウンしていくプロセスである。このブレークダウンで必要な問いは，「その機能を果たすために何をしないといけないのか」をひたすら声を上げて検討することである。このプロセスで注意してほしいのは，現状業務から議論しないことである。現状業務との比較検討が良くないというのではなく，現状機能や現状業務体系を見ると，それに振られ，創造的なディスカッションができないことがあるからである。

目的的に議論することの重要性は，想定される思いつきではなく，気づきを触発することが重要なのである。そんな時間空間で検討すべき内容である。

2 業務体系と業務内容

図表21［業務体系と業務内容］は図表20［機能分解とプロセスデザ

イン］とつながったものである。部分的であるが，**図表21**の①②④⑤⑨は**図表20**の3次機能と一致している。業務体系のなかの業務内容は業務の（主な）手順または主要なアクティビティそのものをいっている。

　課および職場単位でマネジメントをする大きさとしては業務の単位になる。目的や機能を説明してもどのような手順で行うかを決めないと動けない。機能分解をどのレベルまで行うかは特に決まりはないが，2次機能まではブレークダウンした方がよいだろう。

■ **業務体系**

　業務体系というのは部門または課の業務のマネジメントを行うことが目的である。したがって，業務体系というのは部門単位でつくる。部門単位，課単位で作成するかは，当該部門の機能の範囲（大きさ）によって異なる。

　部門のなかに課がいくつあるかが一つの目安になるが，例えば商品は同じでもエリアだけが違う場合（課や課所がエリア単位になっている）は部門単位で作成してもよいだろう。事業特性や顧客特性が異なる場合は分けた方がよい。目的的に考えてほしい。

■ **大分類**

　業務体系(表)で大分類というと機能区分を意味する。例えば，人事の機能というと，採用，効果，給与，勤怠，労務，教育，福利厚生，異動といった大きさである。**図表18**［部門別の機能体系］（77ページ）の部門機能または**図表20**［機能分解プロセスデザイン］の1次機能あるいは2次機能を参考にする。

　第5章3「部門別機能体系」でも触れたが，上場企業の場合，部門で7〜10個程度が一般的と思う。

6章　業務プロセス

図表20

機能分解とプロセスデザイン

機能別戦略　　機能分解

部門使命	プロセスデザイン（業務体系へ転換）		
	1次機能	2次機能	3次機能
各部門が必要とする部品・資材などの確実・安定的・経済的な調達、供給	原料・部品・資材の調達・供給を効率的に行うための調達ネットワークを構築する。	常に，確実に，有利に調達できるための調達先確保。	① 部品・資材メーカーの調査
			② 取引会社の決定と変更
		調達会社との取引関係を正常に維持する。	調達先・取引先との健全な決済関係。	③ 請求書の確認，処理
	原料・部品・購入品のコスト管理と改善。	調達，在庫，物流費用および便益の改善。	調達の取引条件を改善する。	④ 基本取引契約の設定と更改
			調達費用，在庫費用，荷役効率の改善。	⑤ 購入・調達品予算の目標設定
			納品業務システムなどの便益含めた改善。	⑥ 調達品管理基準の改訂
	各部門の要求水準に応じて，経済的な原料・部品・資材の確実な調達と供給。	有利な条件で，タイムリーに調達する。	スポット調達の確実で有利な確保と手配。	⑦ スポット材の発注
			定期購入品の過不足を起こさない。	⑧ 定期購入品・資材などの発注
			手配した部品などの納入遅延を防止。	⑨ 納期管理
		調達した部品などを確実に要求部門に供給する。	納入した部品などの品名，数量などを検品し保管する。	⑩ 納入資材の受け入れ検収と入庫
			効率的でミスのない出庫作業。	⑪ 原料・資材の出庫
	原料・部品・資材の利用効率を向上する。	部品などの在庫管理ロスを防止する。	保管・在庫している部品などの残の帳簿と実地の不一致を起こさない。	⑫ 原料・資材の棚卸と管理
		部品などの廃棄ロスを低減する。	不用な原料・資材などを再利用できるように在庫・保管・記録する。	⑬ 原料・資材の戻入れ
		リサイクル（廃材など）の活用効率を向上する。	不用な原料，廃材などの活用および保管コストの改善。	⑭ 不用品・廃材などの管理

業務体系

・「部門別の機能体系」を詳細に展開したものである。ここまで展開されると業務体系が自然と作成できるようになる。

©Katana New York, Inc., 2006

■ 中分類

　図表20［機能分解とプロセスデザイン］の3次機能または図表21［業務体系と業務内容］の業務体系が中分類になる。業務を分担している単位といった方がわかりやすいだろう。例えば，君には在庫の管理をお願いしたい，この顧客群の与信管理をお願いしたい，このエリアの開発をお願いしたい，月次の締めをお願いしたいといった大きさである。大分類1つに対して5～7個程度である。

■ 小分類

　小分類は図表21の業務内容になる。業務手順といった方がわかりやすい。小分類は3つの場合もあれば10個以上になるケースもあるが，10個以上の場合は，中分類を1つ増やしたほうが実際的であろう。
　以上の個数は経験的数値なので参考程度にしていただければ幸いである。

● 業務分類の数

　機能区分から業務に至るプロセスの中で，業務を大分類，中分類，小分類の3つに分けた。4つでもよいのか，という質問もくるが，3つが実際的であり，使いやすい単位だということである。業務体系（業務プロセス）を作成するとわかるが，スタッフ系（総務，経理，企画など）の方がライン系（営業，購買，生産管理など）より，その数は多くなる傾向がある。総務系は350小分類くらいになるが，ライン系は250小分類程度である。
　また，小分類が実際に工数を左右するので，改善の単位は小分類単位で行うことになるが，目的的・機能的に見直す場合は，大分類または中分類単位で見直すことになる。

6章 業務プロセス

図表21

業務体系と業務内容

業務体系	業務内容
① 部品・資材メーカーの調査	・資材・部品会社との対応 ・商品一覧やカタログ，商品市況などの情報収集
② 取引会社の決定と変更	・新規の材料・部品などの調達先の調査 ・取引会社の信用調査と納入実績評価 ・新規取引会社の決定と登録 ・取引会社の取引停止と登録解除
④ 基本取引契約の設定と更改	・基本取引契約内容の新規設定と更改の交渉 ・基本取引契約の締結 ・基本取引契約の登録
⑤ 調達品管理基準の改訂	・貯蔵品・在庫基準の改訂 ・材料・部品などの受払い規則の改訂
⑨ 納期管理	・納期遅延品の確認 ・納入催促，対策推進
⑩ 納入資材の受け入れ検収と入庫	・現品と納品書の確認と受領 ・入庫の事務手続きと現品搬入
⑭ 不用品・廃材などの管理	・不用品・廃材の保管 ・廃材，不良資材の処分

機能分解とプロセスデザインから

・業務体系の番号は，機能分解とプロセスデザインの3次機能の番号と一致する。

©Katana New York, Inc., 2006

■ **業務体系表サンプル**

　図表22［業務体系表サンプル］は上記のようなアプローチの結果，作成された設計部門の業務体系表である。この業務体系表サンプルが正しいかどうかではなく，見えていることが大切なのである。見えないものはマネジメントできない。あなたの部門の業務は何個ですか，と問われたときに，「いろいろあります」という回答が時々返ってくる。業務は流動的でプロジェクトもあり，明確に何個とは言い切れない，という回答も返ってくる。たしかにそうだと思うが，要はわかっていないだけである。何事も箇条書きで整理するというのは基本である。

　部長クラスに小分類の数まで回答していただく必要はないが，大分類の数くらいは明確に回答いただきたい。仮に，大分類が10個あったとする。100の経営資源があったとする。すべて同じプライオリティなら，それぞれの大分類の投資は10になる。戦略を実践に移すということはそういうことではないか。機能や業務の数と資源配分はリンケージするが，それぞれマネジメントしていないといけない。戦略を資源配分とすれば，大分類の数（機能）を言えないということは，マネジメントしていないということになる。

　10年以上前の話で恐縮だが，ある業界トップの外資系企業でコンサルティングをさせていただくとき，「こんなの昔やったよ，面倒なだけで効果ないよ。また，随分ノスタルジックだな」と言われたことがある。業務体系表のつくり方にも上手・下手というのがあって，まずはこれをやっていただかないと次の徹底実践のマネジメントで取り上げるタイムキャピタルマネジメントができないので，なんとか協力のお願いを申し上げたことがある。このコンサルティングは，生産性50％向上を目指し，5年継続したプロジェクトである。

6章 業務プロセス

図表22

業務体系表サンプル

3	構想設計・設計変更手配	1	要求仕様確認	1	移動
				2	客先打合せ（訪問, TEL）
				3	内部打ち合わせ
				4	製品企画書作成
		2	構想検討	1	技術資料・図面の検索・調査
				2	リーダー打ち合わせ（指導・相談）
				3	構想案作成（アイディアスケッチ）
				4	設計（レイアウト・計算）
				5	客先打合せ
				6	CADデータ変換
				7	移動
		3	DR	1	DR資料作成・準備
				2	DR
				3	移動
		4	品質検討	1	設計FMEA
				2	FTA
		5	特許出願	1	出願資料作成
				2	内部打合せ
		6	材料・材料メーカーの選定	1	材料メーカー打ち合わせ
				2	資料調査
				3	内部打合せ
		7	設計変更	1	不具合原因の究明
				2	対策の立案
				3	図面修正
				4	設計変更連絡管理表インプット, 発行依頼
				5	客先打合せ
				6	内部打合せ
				7	移動
		8	CEミーティング	1	資料作成・準備
				2	CEミーティング
				3	移動
4	図面作成	1	作図・トレース	1	CADデータ変換

大分類 / 中分類 / 小分類

・この表を見て，作成にどれだけの時間を要するか実感できることが大切である。「知っている，わかる」と「できる」では天と地の差がある。

©Katana New York, Inc., 2006

ちなみに，**図表22**［業務体系表サンプル］のサンプルは自動車部品も扱っている会社である。部門単位ではなく，ビジネスプロセス全体を描いた一部である。製造部門は除き，およそ700プロセスである。このレベルで粗いと思っていただいてよい。実際の改善は小分類一つひとつの積み重ねであるからである。

■ 情報システムとの関係

　15年以上前になるが，ERPの導入を支援したことがあった。情報システムの成果に関しては，ロバート・ソロー教授の「ITが生産性向上に貢献した統計的根拠はない」(1987年)，マッキンゼー・グローバル・インスティテュートの「ITと生産性向上との間に明確な関係は見出せない」(2001年)といった指摘もあり，現在もITと生産性の向上の関係を立証するのは簡単ではない。

　生産現場では，IT化は欠かせない。ICタグは利便性も含め生産性向上に寄与している。生産性が見えにくいホワイトカラー領域ではあるが，すべてのホワイトカラーの生産性を見えるようにするのは不能解でもある。だが，見えるようにしていく努力と成果を測定していく努力は継続していかなくてはならない。

　さて，15年前のERPの話であるが，このシステムを導入すると，どの小分類がどれだけ改善されるかをIE的に検証した。

　システムを導入することが目的であってはいけない。小分類単位で一つひとつ成果測定をした。

　成果に関しては顧客サイドの問題と割り切る考え方もあるが，システムは道具であるので，実際の成果を導くとなると，マネジメントの問題（あるべきプロセスのデザインや運用の仕方，場合によっては組織風土上の課題）が

6章　業務プロセス

図表23

使命・機能・業務の関係

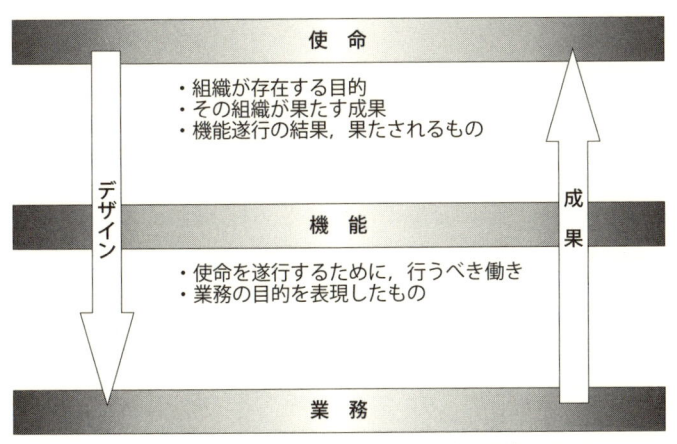

使命
- 組織が存在する目的
- その組織が果たす成果
- 機能遂行の結果，果たされるもの

↓デザイン　↑成果

機能
- 使命を遂行するために，行うべき働き
- 業務の目的を表現したもの

業務
- 使命および機能を達成するための手段

©Katana New York, Inc., 2006

出てくる。

　いずれにしても，生産性向上にITは必須条件といえるであろう。しかし，ITやシステムの成果を発揮するには，目的や使い方があっての話である。ホワイトカラーの場合，約束通りに入力することからはじめないといけない。15年前と現状はあまり変わっていないような気もする。仕事を見えるように分解すること，一つひとつ消し込むことである。基本動作は変わらない。

　戦略的デザインアプローチを中心に考えておられる方は，そんな現状分析みたいなことを言っているから破壊的イノベーションはできないのだ，と指摘される方もおられると思うが，発想のバランスの問題であろう。ただ私には現状を見る力がない人が将来を予測する力があるとは思えない。

3　使命・機能・業務の関係

　使命・機能・業務は行ったり来たりの関係であるが，比較的見えやすいのが業務である。したがって，業務がどのような目的で効果的に簡素に行われているかの成果の検証をすることにする。

　環境の変化に応じて，戦略は変わる。組織や機能も変わる。変化に応じた変更を機能・業務に展開（デザイン）していく。目的に対して，あるべきプロセスをデザインしていくわけである。そしてまた，目的通りに行われているかを検証していく。繰り返しになるが，大切なことは目的と手段がリンケージすることである。つまり，仕組みが運用によってリンケージされていることであり，目的と行動が一致していることである。

　こうしたリンケージの検証は，予算制度や目標管理など日々のマネジメントの中で容易に鍛錬することができる。予算制度の目的は何か。経費ま

6章　業務プロセス

● ビジネスプロセス

　BPR（ビジネスプロセスリエンジニアリング）というのが流行ったことがある。日本は不思議な国でBPRが流行るとBPR，BSC（バランスドスコアカード）が流行るとこれからはBSCだという。では実際に，BPRでの成功モデルを見たことがあるだろうか。人間の行動が変わらないかぎり結果は変わらない。つまり，最終的には小分類単位での比較になる。組織・機能単位の改善であっても，現象として見えるのは人の動きであり，業務である。BPRやBSCが良くないといっているのではなく，目的と成果を検証する仕組みをもって臨んでいたかということである。

　業務体系はビジネスプロセスそのものである。ある大分類をアウトソーシングするとした場合，中核的コンピタンスが小分類に入っている可能性もある。スキルの伝承とノウハウの蓄積を要するものは外に出してはいけない。スマイルカーブに適合しないプロセスだから基本的にはアウトソーシングの方向で，契約社員の方向でと，安易に考えてはいけない。結果的に，品質不良が起き，リコールになればその被害はブランド低下も含め甚大である。米国の新車販売の25％がリコールといわれている実態を冷静に眺めていただきたい。

　また，この業務体系（ビジネスプロセス）はプロダクトによって異なり，ユニット品と単品でも異なる。したがって，主力商品の業務体系を作成し，必要があれば，商品またはエリアあるいは顧客単位で，業務体系（ビジネスプロセス）を応用すればよい。まずは見える状態にすることである。例えば，現状のプロセスの検証もせずにERPを導入するというのはあまりにリスキーに見える（ベンダーを批判する意図はない）。

たは売上両面はあるが，来年度の数値目標を立てることにかわりはない。では，本当に来年の数値目標を立てることが目的なのであろうか。数値目標がないと努力の程度がわからない。ギャップが大きければ従来とは異なる行動をとらないといけない。ギャップを埋める対策を事前に検討し，その行動で目標値の達成ができるかどうかを検討するのが予算制度の本来の目的である。そして実施段階でその行動（対策）で結果が出たかを検証する。その行動（業務）プロセスを踏んでいないことに途中で気づけば，結果は出ないわけで別途対策を講じる必要がある。結果数値を見て，原因分析しているようではマネジメントにはならない。

7章 役割

図表6［焦点を当てた6つのマネジメント領域］（31ページ）の④の話である。

1 経営組織3つの側面

組織をデザインするときに考えないといけない要素には機能と部門と階層の3つがある。

機能というのは事業戦略を基本に，どんな機能が必要なのか，コア機能なのかデザインし選択していく。物流をアウトソーシングしてもかまわないし，自社組織でもよいと思う。要はどのようなバリューチェーンをデザインするかである。スマイルカーブを狙うのか，アングリーカーブのままでいくのか，戦略の問題であり，多角化の問題である。ここは戦略の範疇で，機構・運用・人の領域では扱わない。

部門から，機構・運用・人の領域に，つまり戦略のマネジメントの領域に入る。

部門というのは，機能を遂行するための，組織構造である。どの部門がどの機能を担うのか，相互協力するのかをデザインする。部門をデザインするのは，使命および機能が整理（デザイン）されている必要がある。

最後は階層である。どんな意思決定の枠組みをつくるのか，誰がどんな役割を演じるのかをデザインする。創業間もない小さな会社は除き（小さな組織だと誰が何役をやるかから発想する），役割は最後である。私は事業部長をしたい，といっても既存事業と新規事業では役回りは違う。ポジションが目的ではないはずである。

　事業（例えば，金融事業や派遣事業など事業の領域）によって，階層のあり方を変えてもかまわないだろう。同じ事業であれば，労務管理上も含め，階層は統一した方がマネジメントしやすいが，これも目的的に設定すべきである。

　機能別組織が通常だと思うが，部門横断的な改善が必要だ，取引先と一緒になって推進しないといけない，顧客とワークショップ型でマーケティングをしないといけないなど課題解決型の業務が恒常的に行われているなかで，機能別組織ではなく，横断的なプロジェクト組織が一般的になっている（プロジェクト組織が組織のコアの単位になっている）ケースも多々あるだろう。その場合，従来の部長，課長といった機能別組織を前提と想定させる階層ではなく，ビジネスプロセスと求められる意思決定のあり方を考えれば，プロジェクトリーダー中心の階層のデザインが必要になっていく。参与や参事といった資格的なものより，目的に応じて人が活躍する役づくりとその役の演じ方で評価する仕組みが大切なのである。

　組織のデザインはまずは，機能関連図をベースに行う。戦略的資源配分から，どの機能にどのような経営資源をどの程度の優先順位で置くかを決める。

　次に，この事業には，どんな機能がいくつ必要か，どんなくくりでまとめると効果的で簡素になるかを構造化する。機能を達成する業務プロセスをデザインしながら難易度や工数を予測する。機能間のリンケージなどを

7章 役割

図表24

経営組織の3つの側面

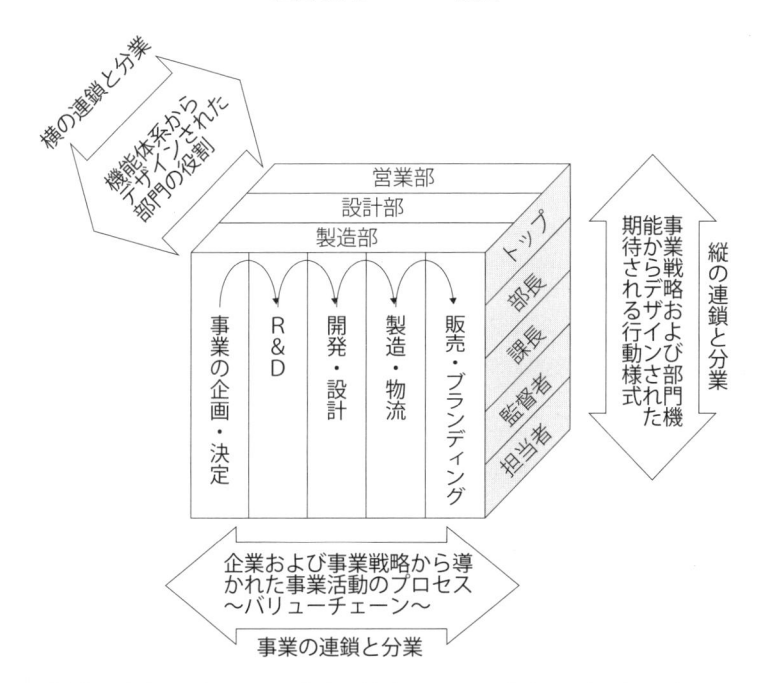

横の連鎖と分業
機能体系からデザインされた部門の役割

営業部
設計部
製造部

事業の企画・決定 / R&D / 開発・設計 / 製造・物流 / 販売・ブランディング

トップ / 部長 / 課長 / 監督者 / 担当者

縦の連鎖と分業
事業戦略および部門機能からデザインされた期待される行動様式

企業および事業戦略から導かれた事業活動のプロセス
〜バリューチェーン〜

事業の連鎖と分業

・組織をデザインするのは，戦略に基づいて3つをデザインする必要がある。1つはどんな事業を選択するか。販売だけ特化してもよい。次にどんな部門を設置し，どの機能を分担してもらうか。さらに活動の意思決定および遂行についての職階（レイヤー，階層）の3つである。正解はなく，目的的にユニークにデザインされるものである。

©Katana New York, Inc., 2006

考慮しながら,どんなポジションが必要か,あるいは逆に部長には何をやってもらわないといけないかがデザインされる。こうしたプロセスは相互往復しながら落ち着いていく。

2 機能別役割

■ 階層別に展開

ジェネラルマネージャーというのは,階層であり,肩書きであって,役割ではない。したがって,「私の役割はジェネラルマネージャー」とは言わず,「私のポジションはジェネラルマネージャー」と言う。

図表25［機能別の役割］では,機能として"新しい売り方を見つける"とある。それに対して,ジェネラルマネージャーとミドルマネージャーでは当然期待される行動様式は異なる。ジェネラルマネージャーの場合,"結論を導き出すための業務フローを仮定する"とある。結論を出し,意思決定を行うのがジェネラルマネージャーであり,そのための思考のステップを提示するという趣旨である。

また,"部内の業務にプライオリティを設定,スケジュールと予算をコントロールする"というのもある。プライオリティ（優先順位）を示すということは重要性や方向性を示している。

ミドルマネージャーは,それに対し,"目的,アウトプットの設定,収集方法の計画,作業フローの作成,他部門を含んだ作業分担と時間,および経費概算を行う"とある。具体的に進めるための適切な方策,手段と必要な資源について書いてある。

また,"必要に応じて実行部門へのアクションプランの伝達,部員に対しては他部門への伝達がスムーズにいくように補助を行う"というのは,

7章 役割

図表25

機能別の役割

機　能	ジェネラルマネージャー	ミドルマネージャー	チームリーダー
① 新しい売り方を見つける ・新規顧客を開拓するための全社3年計画が各部の役割も明記して作成されている。	・結論を導き出すための業務フローを仮定する。 ・目的，アウトプットに必要な情報が何か，担当者に正確に指示する。 ・部内の業務にプライオリティを設定，スケジュールと予算をコントロールする。 ・新規事業を選択，参入への障害を検討，参入のメリット・デメリットを検討し，課題を提起する。	・目的，アウトプットの設定，収集方法の計画，作業フローの作成，他部門を含んだ作業分担と時間，および経費概算を行う。 ・部員に対しては，充分かつムダの無い作業計画の立案へ導き，稟議事項の評価を行う。 ・必要に応じて実行部門へのアクションプランの伝達，部員に対しては他部門への伝達がスムーズにいくように補助を行う。	・収集情報の利用（分析）目的を理解し，リスト化して優先順位付けを行う。 ・収集すべき情報のアウトプットを見積もる。 ・情報の収集先，方法の概要を記述する。 ・課員に対して，情報収集目的，収集先，方法を理解させ，収集フローを作成させるとともに，フローを評価し必要により変更，指示を行う。 ・活動計画について，所属上長の承認を得る。
② 新しい儲け方を見つける ・現状顧客のセグメント別に既存製品の付加価値を増加させる対策が具体化，文章化されている。	・情報分類を指示する。 ・顧客セグメント別に有効度を選択する。 ・選択した活動の障害要因を検討する。 ・競合を比較する。	・目的，アウトプットの設定，収集方法の計画，作業フローの作成，他部門を含んだ作業分担と時間，および経費概算を行う。 ・部員に対しては，充分かつムダの無い作業計画の立案へ導き，稟議申請の評価を行う。 ・自己，および部員の業務進捗状況を把握し部門長へ報告するとともに，必要に応じて部門長了承のもと，変更を含む適切な業務指示をする。	

・機能別に役割を記述する。その際，表題的な記述にならず，「期待される行動様式」を書くことである。
・維持機能，革新機能，育成機能の3つを念頭に置きながら，デザインする。

©Katana New York, Inc., 2006

計画性や生産性を高めるための段取りを行っている。業務に精通したミドルマネージャーらしい役割である。

ジェネラルマネージャーが〈目的〉に対して，ミドルマネージャーは〈方法〉ととらえることができる。

チームリーダーの内容を見ると，"収集情報の利用（分析）目的を理解し，リスト化して優先順位付けを行う""収集すべき情報のアウトプットを見積もる"といった内容である。個別の業務のアクティビティ（何をやるか）について言及している。つまり，この業務に対して，効果的に簡素に処理をするということが求められている。

■ 役割と小分類の関係

役割というのは，業務体系（機能）とセットになりながら，ブレークダウンされていくものであるが，すべての小分類に対して，役割を一つひとつ設定する必要はない。小分類のなかにはそのアクティビティを淡々と処理すればよいものもある。そうした業務に一つひとつ役割を定義づける必要はない。その意味では，役割は大分類と中分類を行ったり来たり確認しながら，どのような具体的な行動が求められるのかをデザインしていくとよいだろう。

小分類を見て役割を考えるのではなく，大分類（機能），中分類と見ていきながら，「この小分類を手順としてはやらないといけないな」と確認しながら見ることである。目的的にブレークダウンされてきているので，小分類を見たとき，「このワーク（業務）は先の中分類で処理していた方が良いのでは」と気づくくらいでないといけない。

実際的にいえば，中分類から小分類をブレークダウンしていくときは，役割（期待される行動様式）を同時に想定しながら，デザインしていくプロ

セスである。

役割と業務体系表と育成

図表6［焦点を当てた6つのマネジメント領域］（31ページ）では育成というテーマがある。育成というのは，短期・長期含め，広く・深い経営課題である。この本では主題としては扱わないので簡単に触れる。

大分類単位で役割を考えると，どのような知見が求められるかが想定される。業務経験や基本的知識や人間力といったスペシャリティだけではなくジェネラリティも求められる。小分類単位で役割を考えれば，短期的に

● 上司の姿勢に刺激される

図表8［行動様式の相関］（39ページ）のアンケート結果を再度見てほしい。上司に刺激されないと生産性があがらないということは，実態は上司の背中に刺激されていない日常があるということではないだろうか。

そもそも計画でも業務でも，上司が部下に仕事を依頼し，途中のプロセスを見ず，結果だけをチェックする。同じ職場でさえ，このような状況では，部門や機能の壁はもっと高いだろう。顧客満足というのは顧客の声に耳を傾けているから顧客の期待を満たすことができる。戦略をつくる部門，顧客と日々接している部門，日々部品を購入している部門，日々物流を担っている部門……，それぞれが戦略を共有し，業務へブレークダウンし，実行するからこそ能力が発揮され，結実するわけであるが，どれだけ，他部門の声に耳を傾けているだろうか。この会社は，上司は部下の声に本当に耳を傾けているだろうか。目的・方法・人，機能・業務・役割はリンケージすることで意味が出る。

習得を期待したい技術や知識の要件が見えてくる。

本来役割というのは，成果をとらえ，自分の立場を位置づけ，何をすべきかを感じとって，自らデザインしていくプロセスである。基本的な役割（Role taking）は機能的な議論で業務とセットでデザインされると思うが，基本的な役割を膨らませていく Role making（自分の経験などを生かした，基本的な役割をさらに充実させていく付加的な役割行動）が求められる。

スキルインベントリーも業務体系と役割定義のプロセスからデザインすることができる。

3 管理者3つの役割

■ 革新機能・維持機能・育成機能

畠山芳雄氏が，1980年代に管理者について多くの示唆に富んだ話と原則を語っている。例えば，部長論においては以下のようなことを言っている。「本社部長は担当分野の社長であるべき」「部長は課長以下の発想や行動を変革させ，全員を業績に直結した存在とする」「全ての部長は風土を改革し，行動習慣や価値観を根本的に変える」「部長とは全体最適，長期指向，重点集中」「部長とは，業績と人を劇的に変えるイノベーターである」といったことを繰り返し語ってきた人である。この3つの役割は，畠山氏の考えをベースにしたものである。

先に役割は業務のプロセスのデザインと同時に発想していくものであると説明した。その発想の視点として，革新機能，維持機能，育成機能の3つを意識しながら役割をデザインするものである。同じ機能や業務に対して，同じ役割の人は要らない。部長と課長と担当者では期待される行動様式は異なる。

7章 役割

図表26

管理者3つの役割

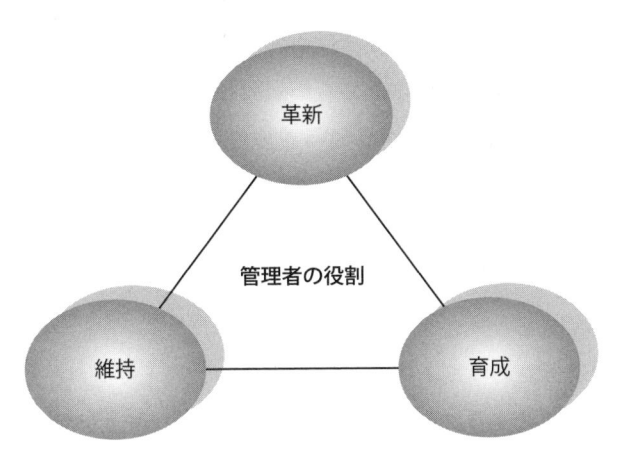

```
        革新
       /    \
      /      \
   管理者の役割
    /          \
 維持 ────── 育成
```

- リーダーとマネージャーの違いということがよく言われるが，ここで管理者とはリーダーもマネージャーも両方含んでの意味で使用している。
- また，部門の使命や，管理者としての立場，あるいは事業の状態などによっては，3つの優先順位も異なってよい。

©Katana New York, Inc., 2006

革新機能というのは，今よりももっと良いやり方があるはずだ，こうした方向でより生産性を高めよう，こんな市場を開発しよう，新たなビジネスモデルをデザインしようといった類の役割である。

維持機能というのは，今の生産性を維持する，モラルを維持する，顧客を維持する，品質を維持するといった類のものである。育成機能というのは，メンバーが育つような仕事の与え方をするというものである。リーダー論的にいえば，フォロワーをつくるということである。できれば，自分以上に，自分より早く。

この3つの視点を念頭に置きながら，機能・業務を遂行していくためにどんな役を演じるべきかをデザインしていく。

将来利益をもたらすであろう事業ポートフォリオに従事にしているメンバーが偉いのではなく，既存事業を担っている人たちだけが偉いわけでもない。企業が永続していくためにそれぞれが担っている役割である。

■ 役割モデル

図表27［階層別役割モデル］は3つの機能を階層別においた一つのモデルである。

目的，機能，業務を理解していたとしても，この役割を自律的に感じ取っていないと，目的，機能，業務を理解しているとはいわない。

こうした階層モデルは，プロジェクト組織には関係ない。公式組織においては重要である。部長の定義が法律で決まっているわけでもなく，組織の規模や成長のスピードによっても部長の役割というのは異なってくる。役割意識をもって行動するということに意味があり，その意味で一つの指針として活用するとよい。例えば，部長の維持機能の中に部門間調整というのがあるが，部長は部の仕事だけすればよいというものではない。むし

7章 役割

図表27

階層別役割モデル

	維持役割	革新役割	育成役割
部長	1. 部門間調整 2. 業績管理・責任 3. 部門使命の共通言語化	1. 事業構造の変革 2. 意識・行動変革 3. 生産性向上・高度化	1. 課長育成 2. メンター 3. ああいう人になりたいと言わせる
課長	1. プロセス管理 2. 例外管理 3. 顧客の管理	1. 既存事業の深耕 2. 改善課題の設定と推進 3. 時間資源配分の設定	1. ジョブ・エンラージメント 2. 技術化，ノウハウ化 3. 一緒に過ごす・背中
係長	1. 品質保証 2. 日常情報提供 3. 業務責任（中分類業務）	1. 品質向上 2. 業務計画性向上 3. 改善提案と実行	1. 業務指導 2. 顧客から好かれる 3. 課長支援

・上記は一つの参考モデル。事業特性や企業の成長段階などその組織に合わせてデザインしていくものである。

©Katana New York, Inc., 2006

ろ，機能横断的な動きが多く，部下が自由に気兼ねなく動ける状態をつくっておくことを意味している。

育成機能でメンターというのがあるが，課長が日々の業績達成に全力を注いでいるなかで，部下に対する接し方も業績中心のコミュニケーションにならざるをえない。そのなかにおいて，部長は課長と比較すると，若手のキャリアやジェネラリティを中心に助言することができる。

■ ビジネス人生の VSOP

もちろん，ブランデーのことではない。これは日本を代表する会社の行動指針にあるものである。それを私なりに解釈したものである。

20歳代はバイタリティ，がむしゃらに仕事をする時代。昔，ある官公庁の団体で，時短の講演を毎年依頼され話をさせていただいたことがある。1988年に閣議で新前川レポートがでて，これからは1800時間という話である。私はこれには異論がある。皆1800時間という発想が間違っている。そもそも20歳代の時は3000時間くらい働く時があってよい。若い時に上手に仕事をしようなどと考えていてはろくなことにならない。まずはたくさんの仕事をこなすことである。それができたら効率的にするための工夫を考えてよい。そうした一生懸命の仕事のなかから，責任感とか倫理観を20歳代で体得する。

30歳代はスペシャリティで，俺はこの専門で飯を喰うというものがあるということである。このスペシャリティというのは社外価値で評価されるべきもので，うちの会社でしか通用しないというのは怪しい。

40歳代はオリジナリティで，自分にしかできないこと，独創性を発揮するというものである。この年代になったら，部下ができることはしない。歴史に残るような，自分にしかできないことをやる。

50歳代は，パーソナリティといのもので，ああいう人になりたいな，と言わせるというものである。

4　役割モデルと評価制度

評価制度の話は主題ではないが，人が気持ちよく効率的に動いていくうえで，欠かせない仕組みなので，簡単に言及しておく。

図表28［役割モデルと評価制度］のなかの③であるが，例としてSEE機能と書いてある。機能体系全体を見たとき，評価とか監査機能が弱いといった課題が発見されたという話である。成果の定義とその成果指標がない。成果指標を評価する基準や尺度がない。評価の結果をフィードバックする仕組みが機能していないなどの課題が発見されたというものである。

⑨の担当者の役割記述というのは，小分類が列挙されることもある。その業務を一定の品質で，一人でできるようになるという意味である。担当者の役割の場合，業務そのものや，スペシャリティに関するものが多くなるが，役割というのは，期待される行動様式であるので，業務や求めら

● 愚か者の定義（Definition of stupidity）

米国でこんな言葉がある。
　While doing the same thing in the same way everyday, you would expect "different results".
毎日同じ行動を繰り返して，違う結果を期待する人は愚か者だということである。

れるスキルをとらえることで，どんな演じ方をすべきかをデザインしていくことであることを忘れていけない。できれば，担当者自ら業務体系表などから役割を記述していくような訓練をしていくことがよいだろう。

⑩の日々の行動というのは基本動作のことである。評価というのは結果のみを評価するのではないことは周知の通りである。評価する視点が大切である。役割（期待される行動様式）をとっているか（演じているか）どうかを評価するとよい。

われわれはビジネスマンなので結果を良くすることが仕事である。結果は行動を変えないかぎり結果は変わらない。毎日同じ時間に来て，同じようにメールを見て，同じような資料を準備して顧客のところに行っても結果は変わらない。時代が進化していれば，その行動は，相対的に後退していることになる。

以上，マネジメントヒエラルキーに関して述べてきた。ビジョン，機構，運用，人そして行動規範である。**図表5**［主なマネジメント戦略］（29ページ）の役割までの話である。お気づきのように，組織と個人の方向性やテーマが明確であっても「できない」ことが問題である。ここまでは，「できない」という前に，マネジメントヒエラルキーの問題はある程度解消されているよね，という話をさせていただいた。

5　組織の形

この本は，組織の形に関係なく，どの組織でも共通するであろう組織マネジメントに焦点を当てているので，簡単に述べたい。

7章 役割

図表28

役割モデルと評価制度

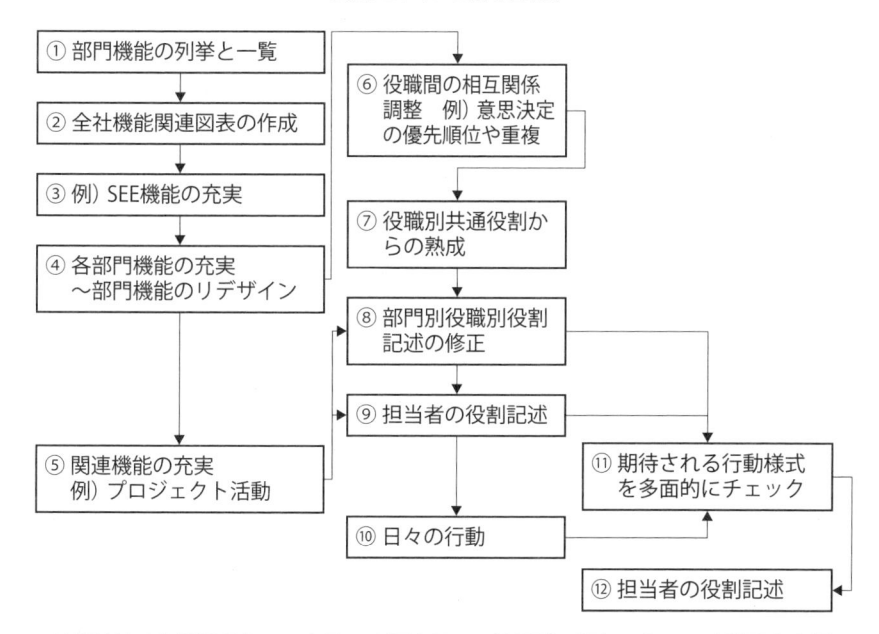

```
① 部門機能の列挙と一覧
        ↓
② 全社機能関連図表の作成          ⑥ 役職間の相互関係
        ↓                          調整 例）意思決定
③ 例) SEE機能の充実                の優先順位や重複
        ↓                              ↓
④ 各部門機能の充実                ⑦ 役職別共通役割か
   ～部門機能のリデザイン              らの熟成
        ↓                              ↓
                                  ⑧ 部門別役職別役割
                                     記述の修正
                                        ↓
⑤ 関連機能の充実                  ⑨ 担当者の役割記述
   例) プロジェクト活動                ↓
                                                ⑪ 期待される行動様式
                                                   を多面的にチェック
                                  ⑩ 日々の行動
                                                ⑫ 担当者の役割記述
```

・結果は神のみぞ知るものである。中堅クラスの管理職の評価においては結果を重視してもよいと思うが、上級管理職の評価尺度としては、「フォロワーを育てたか」「組織にとっての財産を残したか」といったものが重要視されるべきである。それらは知見から導き出された役割定義によって評価されるべきである。

©Katana New York, Inc., 2006

■ ピラミッド組織

　ピラミッド組織の主な特徴は，① 従属的な関係であり，タイトであること。② 単一のリーダーシップであり，権限で結合していること。③ 意思決定や目標設定が明確であるが，集中が起こり，時間を要すること，である。

　縦構造が基本になっているので，上下関係が明確になる。よって，業務上の責任範囲が不明確な案件が発生しても最終的には上司が判断するという規律が生まれるので，その場での対応によって発生するリスクは軽減される。しかし，自由度やその場での対応に欠ける場合もある。

　現在のように情報がどの階層でも瞬時に共有できる環境にあっては，その情報をどのような目的で処理するか，明確な目的意識をもっている人のみがリーダーとなりうるのであるが，ピラミッドの組織の場合はそうではない。その対策としては，仕事中心のプロジェクト組織を別途制度としてもつとよい。

■ ネットワーク型組織

　水平型の組織である。縦構造がまったくないわけではないが，自立的なチーム（ユニット）が複数存在する組織形態と考えてよい。特徴としては，① 横断的な情報の流れ，多様な価値観を共有しやすい，② 共通の価値やビジョンで結合し，複数のリーダーが存在する，③ チームおよび現場裁量に依存するケースが多くなり，それに伴ったリスクも多くなる。

　一見，ネットワーク型組織の方が良い感じに見えるかもしれないが，あくまで形なので，一長一短がある。ネットワーク型は十分な目標共有と成熟したリーダーが複数存在しないといけない。あるいは，教育システムが機能していないといけない。

7章 役割

　ピラミッド型組織と比較すれば，ピラミッド型組織は，情報の処理など標準に基づき，厳正に処理している仕事に適した組織であり，「効率性」を重視する業務に向いていると考えられる。一方，ネットワーク型組織は効率性ではなく，「創造性や革新性」を求める業務に適していると考えられる。

■ マトリクス組織

　マトリクス組織は，ピラミッド型組織とネットワーク型組織の融合，両者のいいとこ取りと考えるとよいだろう。

● ガルブレイスが言う「マトリクス組織」

　マトリクス組織について，1973年にガルブレイス（Jay Galbraith）が *Designing Complex Organizations* の中でこのように言っている（筆者要約）。

　マトリクス組織の欠点をカバーするのは，Managerial Linkage Role を設定するとよい。組織の一部には，規律やプログラムを保持しつつ，一方で，多様な専門化された資源や人材を有効に活用することが求められることがある。このような場合には，専門化した資源や人材を強力に統合していく必要がある。よって，統合を進める役割として，より強力な権力を付与することである。結果，その統合的役割のある人材は二元の命令系統を確立することによって，権力を増大していくことができる。

　マトリクス組織の論点は，統合性とそのバランスの問題であるが，必ずしも命令系統を明確にするという意味ではない。運用として，いかにバランスを図っているかである。

その特徴としては，① 職務遂行のための最適な人の組み合わせをすることが容易である，② 階層的でないため，迅速で柔軟な意思決定ができる，③ 環境が変動している場合，内部資源を最大限に柔軟活用することが可能である。
　デメリットとしては，上記の反対を考えればよく，内部統制や業績評価など困難を要するといった問題が発生する。
　マトリクス組織に関してはIBMが有名であるが，これは組織というより戦略的なフレームワークから議論した方が適切と考える。商品別，国別・エリア別，機能別等どのようなマトリクスの組み合わせを行うかは，その事業の成熟度や競争条件によって異なるので，常に商品別・エリア別組織がマトリクス組織というわけではない。

8章 徹底実践

　図表6［焦点を当てた6つのマネジメント領域］（31ページ）の⑤の話である。徹底実践の枠組みは3つから構成されている。1つはTCM（タイムキャピタルマネジメント）である。時間という資本をマネジメントする仕組みである。2つ目は改善である。3つ目は一人ひとりの時間意識である。

図表29

徹底実践の枠組み

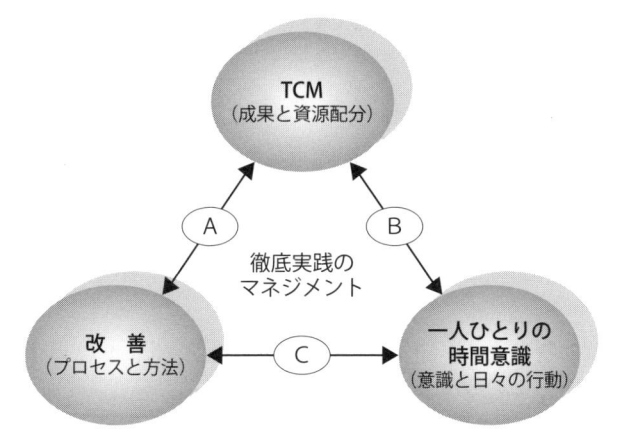

```
              TCM
         （成果と資源配分）
          ↗         ↖
         A           B
        ↙   徹底実践の   ↘
       ↙   マネジメント   ↘
   改　善  ←── C ──→  一人ひとりの
 （プロセスと方法）        時間意識
                    （意識と日々の行動）
```

A）成果に応じた時間資源を配分する戦略的スキル
B）決めたことを一つひとつ日々粛々と行うスキル
C）簡素にする，標準化するスキル

©Katana New York, Inc., 2006

1 業務マップ

　最初は，タイムキャピタルマネジメントとはどんなものか，業務マップというツールを使って紹介する。文字通りの業務の地図である。誰がどの業務に1年間でどれだけの時間を投資したのかを鳥瞰する地図と考えればよい。この業務マップを作成するには，先に紹介した機能，業務のプロセスを行う必要がある（図表30参照）。

- この部門は営業部門だということがわかる。
- 大分類つまり機能が9つあるということがわかる。
- 社員は5名でDさんはおそらく契約社員のような人かと推察できる。

　さて，いきなりで恐縮だが，この現状業務マップを見てあなたであればどのような改善を考えるだろうか？　空想してみていただきたい。

① 中計や年度キャッシュフローといった方針に関する業務は，部長と課長それとBさんが支援しているようで，後のメンバーは関与していないようだ……。

② 既存顧客拡販活動は38%程度だが，これが高いかどうかはわからない。もともとどの程度の割合を計画していたかが見えないと評価できないな……。

③ 新規市場開拓をやってはいるが，何か中途半端なような気がする……。

④ Bさんは物流とかシステム開発とか営業事務などを担当しており，営業というよりスタッフ的な動きをしている……。

⑤ 営業事務が16.4%あるが，効率的に行われているかどうかはわからないが，新規市場開拓の倍以上の時間を投資すべき業務であるかど

図表30

現状業務マップ

（数字は，1年間の実総労働時間）

現状部門業務マップ	部長	課長	A	B	C	(D)	計	比率
中期経営計画	100	50	0	20	0	0	170	1.43%
年度キャッシュフロー計画	48	50	0	60	0	0	158	1.33%
月次業績管理	120	240	20	120	20	0	520	4.4%
既存顧客拡販活動	240	1330	1380	320	1300	0	4570	38.3%
新規市場開拓活動	240	220	120	12	220	0	812	6.8%
物流・在庫管理	10	48	240	880	240	620	2038	17.1%
システム開発プロジェクト	10	24	0	440	0	0	474	4.0%
営業事務	5	36	240	400	240	1040	1961	16.4%
その他	880	220	60	40	20	0	1220	10.2%
計	1653	2218	2060	2292	2040	1660	11923	100.0%

・現状をこのように整理するだけでも重要。
・この手のものは昔やったことがある。大変なだけで成果もない。——目的もやり方も適切だっただろうか？
・見えないものはマネジメントできない。
・この現状を見て，もしあなたがマネージャーならどのようなシナリオを描くだろうか？

©Katana New York, Inc., 2006

うかはわからない……。
⑥ 何だがわからないが，部長のその他業務は多いな……。
⑦ システム開発プロジェクトだが，本来は実務に精通しているだろうAさんやCさんが関与した方が，成果が出そうだが……。
⑧ 物流・在庫そして営業事務を加算すると35％になる。仮にシステム開発やわからないがその他の業務を加えると，この職場は，基本（本来）機能より管理機能の方にプライオリティが高く置かれているように見える……。

　次は**図表31**［リデザイン業務マップ］を見ていただきたい。現状業務マップと比較してどうだろうか。主な改善点を列挙してみる。
① 6名全員の時間合計が500時間程度少なくなり，4％改善されている。Aさん，Bさん，Cさんの業務時間が2000時間を切っている。
② 中計や年度キャッシュフロー計画の業務時間1％ほどが増えている。同時に，Dさんを除き，社員全員が関与する意図が見える。
③ 在庫管理や営業事務の時間合計が10％ほど改善されている。
④ 新規市場開拓の時間が13.1％とほぼ倍増している。
⑤ エリアマーケティングプロジェクトという機能（大分類）が追加され，業務（機能）の数つまり部門機能の数が10個になっている。
⑥ システム開発プロジェクトに関しては，全員が関与する姿勢を感じる。
⑦ Bさんはスタッフ色が強かったが，営業そのものの時間が600時間と計画され，営業としてのキャリア形成も見てとれる。
⑧ 物流（おそらくはデリバリーに関する業務）や営業事務などは改善を行うことが前提であり，そこから創出された時間を新規事業などにシフトしている意図が見える。

図表31

リデザイン業務マップ

(数字は，1年間の実総労働時間)

リデザイン業務マップ	部長	課長	A	B	C	(D)	計	比率
中期経営計画	100	50	20	20	20	0	210	1.84%
年度キャッシュフロー計画	48	50	40	60	40	0	238	2.08%
月次業績管理	120	200	24	48	24	24	440	3.8%
既存顧客拡販活動	240	1000	1000	600	1300	0	4140	36.2%
新規市場開拓活動	240	500	500	12	250	0	1502	13.1%
物流・在庫管理	20	48	120	400	100	700	1388	12.1%
システム開発プロジェクト	20	48	12	440	12	0	532	4.6%
エリアマーケティングプロジェクト	10	48	120	120	120	0	418	3.7%
営業事務	5	36	100	200	100	1100	1541	13.5%
その他	880	80	24	24	24	0	1032	9.0%
計	1683	2060	1960	1924	1990	1824	11441	100.0%

96.0%

・先の業務マップと比較して，あなたはどんな評価をしますか，ちょっと口に出して言ってみてください。
・このリデザイン業務マップを実現するための課題は何ですか，ちょっと口に出して言ってみてください。

©Katana New York, Inc., 2006

⑨ 派遣社員への時間も160時間ほど増え，期待や存在感も強くなっているようだ。

この2枚の業務マップはあたなの職場の年度計画や年度方針と比較してどうであろうか。リデザイン業務マップでは9項目をあげたが，この9項目を計画に反映するとした場合，業務マップというのはとても効果的なツールであることがわかる。

2 時間概念のない成果定義は存在しない

■ 意図した成果を出す

オフィスで仕事をしている人の時間の使い方を観察すると，まずは緊急性の高い仕事が最も優先順位が高いようである。上司からの依頼や飛び込み業務などの優先順位も高い。また，比較的すぐに処理できる業務も優先順位が高いようである。つまり，難易度の高い仕事への着手優先順位は低いのではないか，ということである。

……朝来てメールを見て，急ぎの案件に対しては，返事をする。昨日やり残した案件をまずは処理し，次の会議のための準備に入る。明日顧客との打ち合わせに用意するプレゼンテーション資料は，結局夕方になって着手する。そんななか，メールや電話などひっきりなしにくるので，集中してプレゼンテーション資料の準備に入れない。すでに夕食時であるので，簡単な食事を済ませて，19時ころやっと着手する。時間もないので，以前他の顧客で使用したものを簡単に修正して明日に臨むことにした。今日も1日疲れた。……

極端な例かもしれないが，今日の1日のアウトプットを言える人は意外

と少ない。

タイムキャピタルマネジメントで重要なことは，必要な業務には必要な時間を投資するということである。必要な時間を投資して，結果が出なければ，その原因は，やり方が良くなかったか，スキルがなかったかということになる。時間があればもっと良い仕事ができたのに，と思ったことがある人は多いだろう。大切なことは，業務の成果に応じて，必要な時間を計画し，その通りに時間を使い，意図した成果・結果を出すことである。

● 計画の幅

一生懸命にやっているのだからいいのではないか，という意見もあると思うが，そのようなことは当たり前である。ただし，コンプライアンス上の問題とは区分けする。経営とは健全に利益を出して継続すること（ゴーイングコンサーン）が使命である。

その日のことだけ考えていたのでは経営にはならないし，結果として社会貢献もできない。私は，与えられた仕事をやるだけ。一日一日頑張るだけ，という意識では通用しない。一日一日頑張るのは当たり前である。なぜ正社員に賞与があるかといえば，蓄積に対して報酬を支払う人材だからである。10年やらないとわからないことがある（ただし，時を過ごすことと経験することとは異なる）。その日のアウトプットのみで評価できるのであれば，正社員でいる必要はない。だからといって手抜きで仕事をしてよいと言っているのではなく，一生懸命やるのは当然であることは何度も繰り返している。

時間を眺める視線の先が長いほど，計画的そして戦略的になる。来週のアウトプットは言えるか。3ヵ月後の成果を箇条書きで列挙できるか。1年後の成果指標を列挙し，予測できるか。もし予測でき，そのための対策が構造的に列挙できるのであれば，管理職になれるだろう。

■ インプットとアウトプット

　あなたの部下が，ある提案書を作成したとする。100ページに及ぶ提案書である。ぱらぱらとめくってみるかぎり，内容もまずまずのようである。「この報告書よくできているね」「ところで何時間かけたの」「8時間でやりました」「凄いね」となる。しかし，「5日間かけました」では，「なぜ，この提案書に5日間もかけるの？」となってしまう。

　あるいは，提案書の納期が昨日だったらどうだろうか。納期の過ぎたアウトプットは残念ながら価値ゼロである。

　同じアウトプットでも8時間と5日間では評価は百八十度異なる。通常，ビジネスにおいては，時間価値のない成果は存在しないのである（基礎研究のように，ある程度の偶然性や試行錯誤の結果から発見していくような業務に関しては，別とする）。ここで重要なことは，アウトプットとインプットの関係である。

　アウトプットとは成果のことである。どんな成果を出すのか，どの程度の品質のものをつくるのかという計画と必要な時間を見積もり，その時間を計画的に割り当ててマネジメントをするということである。アウトプットの質だけを評価しても駄目で，インプットの評価があって，アウトプットの評価もできるのである。

　「この業務を2時間でやってくれるかな」「この業務を4時間でやってくれるかな」──同じ依頼内容でも要求品質は倍異なるのである。

　今日の結果を受けて明日提案するプロポーザルと3日後に提案するプロポーザルではどちらの品質の方が高くて当然だろうか。同じアウトプットなら明日提出の方が当然価値は高くなる。（1日でも3日でも，アウトプットの方向性は同じでも，詳細は異なると考えてほしい。）

8章　徹底実践

図表32

ビジネスにおける時間と価値

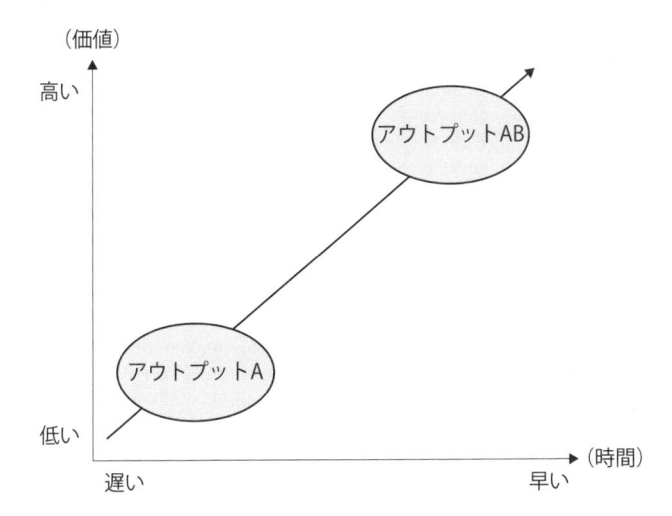

(価値軸：高い～低い、時間軸：遅い～早い のグラフ。左下に「アウトプットA」、右上に「アウトプットAB」が配置され、右上向きの矢印でつながれている)

- 同じアウトプットなら時間軸が早い方が価値が高まる。もし後から出すなら，品質を高めるか，コストが安いか，異質なもの（差別化されたもの）を出さないと市場は価値を感じない。業務も同様で，同じアウトプットでも時間価値で成果は異なる。逆にいえば，通常，ビジネスにおいて，時間の価値のない成果定義はない。生産性に関しては異論はないと思うが，戦略的にタイミングが早すぎた，という意見もあるだろう。それは確かにある。しかし，早くできたからすぐに出すという必要はない。

©Katana New York, Inc., 2006

3 目標時間

■ 組織としての時間

あなたの職場や会社でも中計や年度計画といった業務は必ずあると思うが，どれだけの時間を投資するのか，計画があるだろうか。割合でもよい。お金の予算はあっても時間の予算はないだろう。

例えば，売上目標が1億から1億1千万になったとする。10%アップである。では日々の行動は10%アップするだろうか。通常，予算で人の動きは変わらない。100%歩合なら話は別だ。

例えば，AというプロジェクトとBというプロジェクトがあったとする。どちらも目標売上高が1億とする。AプロジェクトもBプロジェクトも同じ時間を組織として投資するかといえば，それは違う。仮にAの難易度が高い，Aを成功した場合，会社のブランド価値も同時に高めることができるとすれば，会社としては，Aプロジェクトに1000時間，Bプロジェクトに500時間という計画を組むかもしれない。業務マップでは，組織として既存市場にはこれだけの時間，新規市場にはこれだけの時間という投資割合を設定した。重要なことは，計画された事項を，時間という共通言語を使って，そのプライオリティを投資時間というかたちで組織が表明することで，メンバーを実感として戦略や課題の重要性を把握することができるということである。組織の心を束ねるのは，予算ではなく，時間である。

■ 個人としての時間

組織として，このプロジェクトには1000時間，このエリアには500時

間，この商品には800時間と決めても，一人ひとりがその通りに時間を使わないと成果は出ない。緊急性の高い業務についつい時間を使ってしまい，納期間近になって，ばたばたする，時間があればもっと良いものができたのに，という悔しい思いを習慣として繰り返すことになる。

組織として，このプロジェクトには1000時間，今月は100時間，自分の分担が20時間とした場合，20時間を週間などの計画に落として，実行する必要がある。20時間を投資しないと相応の品質のアウトプットは出てこない。そういう内容の20時間である。

そもそもホワイトカラーとかナレッジワーカーというのは，仕事に着手するときに，この仕事は1時間でやろう，と目標時間を設定して取り組むものである。仮に1時間30分要してしまったら，なぜ30分オーバーしたのか，その時に振り返り，反省する習慣が必要である。後で残業すればよい話，では腕はあがらない。

あるいは，時間を惜しまず頑張り，でもこれでは体がもたないし，結果，良い仕事ができているとは思えない，もっと良い仕事をしたいし，もっと充実した時間を過ごしたいという願望があれば，目標時間を設定するようになるはずである。

■ 時間計画のない計画はやる意志のない計画

どの目標も計画も重要ですというのは，どれも同じという意味である。

どの計画がどの程度重要なのか，組織としてのプライオリティを定量的に明示する必要がある。

経営資源は無限ではなく，有限であるので，配分をしないといけない。

成果は人の行動によって導かれるものである。人の行動が変わらないかぎり，基本的に成果は変わらない。

プライオリティの高い業務には限られた資源の多くを配分する必要がある。そのためには，プライオリティが低い業務を改善し，経営資源を創出し，それをプライオリティの高い業務へ再配分する必要がある。改善は別途行うものではなく，日々恒常的に行うものである。例えば，先の業務マップでいえば，営業部門にとっての物流・在庫管理業務や営業事務などは必要な業務ではあるが，競争優位をもたらす業務ではなく，新たなライフサイクルを創り出す業務ではない。ミスなく効率的に処理して当然の業務である。そうした事業から見て，維持管理型の業務は，日常的に改善をしながら取り組むことで時間を創出することができる。

　維持管理型の業務は処理しないと先に進まないルーティンが多いので，ついつい優先順位が高くなり，先に処理してしまい，結果，創造的な仕事の時間が遅れ遅れになってしまう。決して遊んでいるわけではないが，忙しくなり，販売目標や売上目標，新規プロジェクトなどの計画が後回しになる。

　維持管理型の業務の改善をすることで同時にプライオリティの高い業務へ時間をシフトすることが可能になる。忙しい，遊んでいるわけではないというのを免罪符にしてはいけない。計画することである。

　会社や組織には，年度計画，売上計画，販売計画，シェア目標などさまざまな目標と計画がある。それらがなぜ実施されないかといえば，時間計画が計画されていないからである。人の行動を変える最も直接的な尺度は時間である。そして時間は誰にとっても共通の尺度である。

　時間計画のない計画はやる意志のない計画と同じである。この業務に，この計画に，このプロジェクトにどれだけの時間を投資するのか，大分類（機能）単位で，いえることである。

　タイムキャピタルマネジメントの仕組みとは計画を実践するための仕組

8章 徹底実践

図表33

業務構造の変化

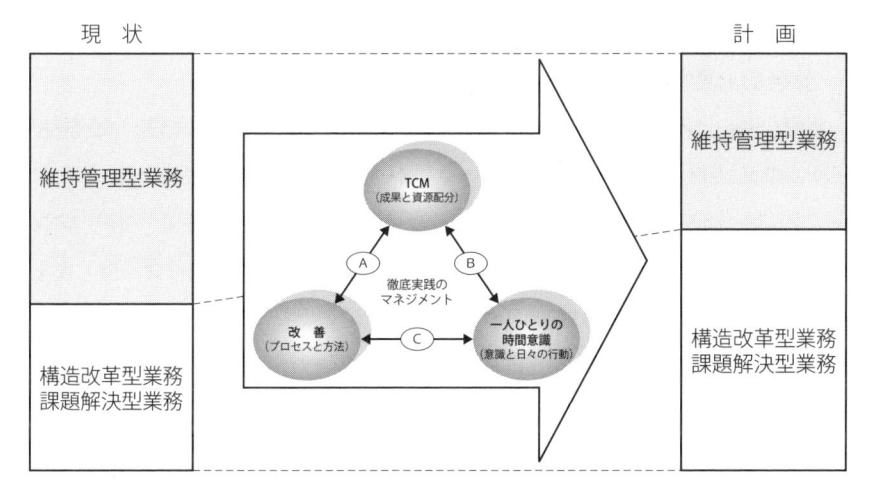

現　状　　　　　　　　　　　　　　　　　　　計　画

| 維持管理型業務 | → | 維持管理型業務 |
| 構造改革型業務 課題解決型業務 | | 構造改革型業務 課題解決型業務 |

中央の図：
- TCM（成果と資源配分）
- 改善（プロセスと方法）
- 一人ひとりの時間意識（意識と日々の行動）
- 徹底実践のマネジメント
- A、B、C

・プライオリティの高い業務というのは，事業から見て，構造改革型業務といえる。例えば，新規市場の開発や新商品開発などである。一方，事業運営にとって必要ではあるが，新たな競争優位をもたらさない業務はできるだけ効率化したい。タイムキャピタルマネジメントはこの同時達成をねらったものである。

©Katana New York, Inc., 2006

みであるが，計画を実践するということは，内容的に見れば，経営にとって構造改革型または課題解決型の業務を実現すると同時に，維持管理型の業務のウエートを小さくすることである。

■ 改善の必要性

図表33［業務構造の変化］を実現するためには，先に紹介した図表29［徹底実践の枠組み］（113ページ）が入る。つまり，組織として戦略的に時間資源を配分する能力，一人ひとりが目標時間を設定して仕事に臨む能力・癖（一人ひとりの時間意識），そして改善の能力（維持管理型を簡素に行う能力）の3つが同時に行われリンケージすることが条件になる。

改善は改善，戦略は戦略，計画は計画とリンケージせず，さらに部門や役職が絡み合って目的，目標，機能，業務，行動といった一連の流れがリンケージされなくなる。改善は各職場のマネージャーがやって，戦略は経営企画部門がやって，計画は方針管理部門が担当して……，といった状態になるとつながりが見えなくなる。たしかに部門の役割はあるのだが，徹底実践の仕組みとして大切なことは，組織としての計画，個人の行動，改善この3つを同時に意識できるレベル・見えるレベルで行うことであり，役職や組織をまたがってしまうと（いくつも経由してしまうと）そのつながりが見えなくなり，意識できなくなり，見える範囲である自分の業務または自分が見える範囲の業務だけを見て，行動するようになってしまう。問題の本質はここにある。戦略，組織，計画，実践あるいはPDCAを回せばいいのだろ，やっているよ，というのではなく，一人ひとりがその全体の枠組みを見通してこそ意識して行動できる仕組みを提供することができるのである。その枠組みが最も象徴的に見えるものの一つが業務マップであり，もう一つは週間業務計画である。

8章　徹底実践

● 改善と保全

　改善というとTQCとか6シグマなどをすぐにイメージしてしまうが，ここでは，そうした取り組みではなく，IE的精神のことを言っている。積極的否定的精神（虚心坦懐）で問題意識をもつことを言っているのである。

　整理整頓などは改善というより躾と言った方がよいが，乱雑であれば，そこには無駄や事故の原因が生じる。自分は乱雑な方が好きだし，生産性も高いという屁理屈を言う人いるが，個人で行うのであればそれは自由であるが，基本的に組織生産性を前提としている企業において，無駄や事故などを誘引するものは許されない。前回より今回は更に良くしていこうという精神が欠けている場合は，社会的存在である人としての本質的問題があるのだが，改善とは常により良くしていく精神が根底にある。

　改善を継続すれば生産性が高まるというものではない。問題に対処するだけでは，応急処置でしかない。同じ問題を繰り返さないようにするのが恒久措置というものである。保全というのは改善の一歩進んだ仕組みととらえると理解しやすい。このような音が100時間発生すると機械は止まる，ということがわかっていれば，100時間経過した時点で問題が発生する前に，修理すればよい。過去のトラブルが蓄積された結果から保全は生まれる。

　改善，保全をすれば経営はうまくいくかといえば，そうではない。改善や保全によってコストダウンも進むし，マイナーチェンジもできるだろう。しかし創造的なアイデアが生まれるとはかぎらない。改善は仕事人としてベースとなるものであり基本動作であり，大げさにいえば，生きることそのものである。このことが理解できないとすれば日本人の精神である職人（職人とは誠実に行う人という意味）気質を理解していないということである。

　図表27［階層別役割モデル］（105ページ）の中で係長（チームリーダークラス）の革新機能に改善に関する事項が入っているのは，改善スキルは全社員が保有するスキルであるということを意味している。

9章 改善

　現状の機能や業務プロセスを徹底実践すればよいというものではない。戦略を実現するための機能，業務プロセスをデザインし，デザインされた各プロセス（業務）に時間配分を行う。そのためには改善をしないといけない。

1　S型業務とT型業務

■ 成果の定義が異なる

　S型業務というのはスタンダードタイム型業務の略である。標準時間型業務のこと。1件当たり1分なら，10件で10分という意味になる。作業標準が設定できるから標準時間で管理できる業務のことをいう。

　T型業務というのは，ターゲットタイム型業務で目標時間型業務の略である。まず成果を定義する。その成果・品質を出すためにはどの程度の時間を投資するかを決める業務のことをいう。S型業務は作業プロセスや方法を決まることによって所要時間が決まるが，T型業務は目標時間を意思決定してから方法を考えるタイプの業務である。

　なぜ，2つに分けるかといえば，成果のマネジメントが異なるからである。S型業務は効率性でマネジメントする。T型業務は成果でマネジメン

トする。S型業務のマネジメントは，1件当たりの時間をいかに短くしていくかということと，ボリュームのマネジメントになる。ボリュームの多い仕事をその都度異なるやり方や判断基準で処理しては間尺にあわない。標準化がポイントになる。T型業務は時間を計画通りにとったら，ねらった成果が出たかを確認する。

　もう少し端的にいえば，同じ1時間でもS型業務とT型業務では異なるということである。新人の1時間とマイスターの1時間ではとてつもない差がある。S型業務は誰がやっても同じ時間で同じ成果を期待する業務であるが，T型業務は違う。「あなただから1時間でお願いした。他の方なら10時間でと依頼します」といった具合である。T型業務は担当する人，スキル要件を強く求めることになる。

■ 習熟で見るS型業務とT型業務

　S型業務かT型業務かは，中分類および小分類単位でやる。実際に業務単位でS型業務かT型業務かを判断していく場合，現状はどちらなのか，S型業務化すべきだと思うが，といったことで悩むところである。一つの見方は，習熟期間である。入社3年以内で，当社ではこのレベルのことはできるようになってもらいたい業務はS型業務と定義する，というのがわかりやすいかもしれない。

　T型業務は偉い人がやっているからT型業務というわけではない。T型業務にすべきかどうかを検討し，判断することである。

　T型業務を付加価値業務であるかどうかで判断している会社もある。端的にいえば，その業務をやることによって差別的優位性をもたらす，利益が出るかという視点で判断するが，この視点だけで判断するのは多少リスクがある。

9章 改善

図表34

S型業務とT型業務

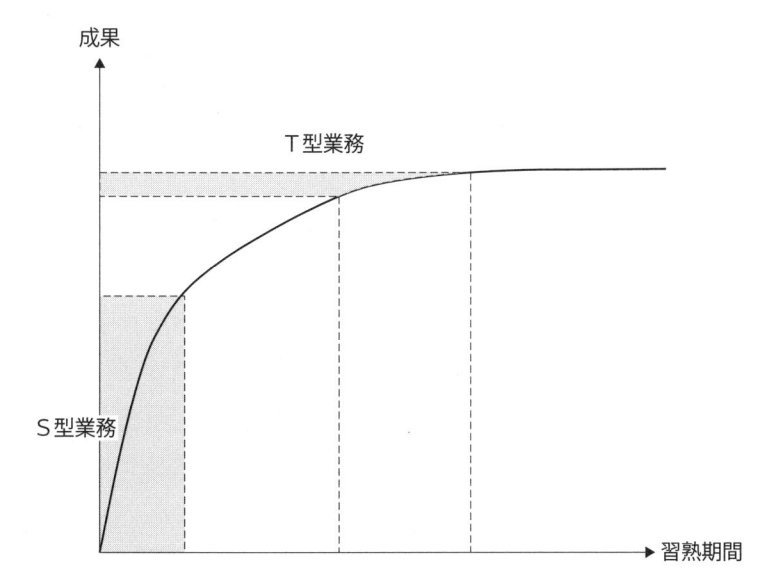

（縦軸：成果、横軸：習熟期間。グラフ上部にT型業務、下部にS型業務を表示）

- 同じ1時間でもS型業務とT型業務では異なる。
- T型業務は人を選ぶ。
- S型業務といってもそのレベルは組織の標準化・カイゼン能力によって大きく異なる。

©Katana New York, Inc., 2006

■ **標準化によってレベルは異なる**

図表22［業務体系表サンプル］（89ページ）の業務マップ例をご覧いただきたい。例えば，〈3-1-2〉の要求仕様の客先打ち合わせはＳ型業務だろうかＴ型業務だろうか，という議論になる。今回の部品はバイオマスを使ったリサイクル樹脂によるもので，新規に獲得する部品という位置づけだったらどうだろうか。あるいは，従来から採用されているもので，標準部品化されており，納期だけが課題，という話であれば随分違ってくる。前者であればＴ型業務であろうし，後者であればＳ型業務といってよいだろう。

〈3-2-1〉の技術資料の検索はどうだろうか。Ｓ型業務にしておきたい業務である。設計の都度，検索に時間を使っては非効率である。Ｓ型業務であるか，Ｔ型業務であるかは，会社によって異なる。標準化が進んだ会社ではＳ型業務でも，そうでない会社にとってはＴ型業務であるかもしれない。

● **Ｔ型業務が多い方がよい？**

決してそんなことはない。Ｓ型業務というのは，標準化対象業務であるが，Ｓ型業務がしっかりしているからＴ型業務を効果的に行うことができるのである。また，Ｓ型業務はやめることができない基本業務が多い。Ｓ型業務だから付加価値が低いと見るのは多少乱暴である。

個人も同様で，すべてＴ型業務では潰れる。Ｓ型業務は時間を使えば成果も着実に出る業務であり，安心できる業務である。人は，時間空間のなかで，こうした安心できる業務がある程度ないと創造性も発揮できない。経験的にいえば，50％：50％が目安かと思う。

9章　改　善

● 改善の落とし穴

　改善というのは問題の解決をすることだが，同じ問題を繰り返すことが多い。それはなぜかといえば，問題を発見し，改善することが目的になっているからである。大切なことは，同じ問題を繰り返さないことである。そのためには，2つの方法がある。1つは根本原因を排除してしまうこと。もう1つは前述したが，保全である。問題の発生要因を未然に防ぐことである。保全というのは，設備でいえば，設備の修繕ではなく，設備の維持である。維持とはS型業務である。T型業務に着目しがちであるが，しっかりとした，わくわくするようなT型業務が設定できている組織には，保全的なS型業務が，過去からのトラブルから学習されたS型業務がデザインされている。

　しかし，品質や成果という視点を忘れるくらい，S型業務だけを推し進めてしまうと，チェック作業だけ増える。あまりに無意味なチェックを繰り返すといった事態に陥る。もっと怖いのは，前工程で知恵が結集されないことである。最近では，3D-CADや統計的実験計画も一般的になってきた。一人である程度のものができるようになっているのだが，そこに落とし穴がある。昔は，図面1本の線をいじっただけで全体の構図が変わるので，頭の中で全体を構成し直した。そこに創造性の原点があるように思える。また，上司や同僚が同じ図面を眺めることで計算上では見えないような問題やアイデアを結集することができる。

　改善は必要だが，後工程で発生するものである。今の日本のものづくりの問題は，前工程にあるように見える。

　あまりに納期に追われ，生産性に追われることで，何が大切かを見落としてしまうのではないか。

■ プロセスの時間配分

　もう一度**図表22**［業務体系表サンプル］（89ページ）の業務マップを見ていただきたい。中分類単位で見る。構想設計にはどれくらいの時間を投資しようか，次のDRにはどれくらいの時間を投資しようかを決めないといけない。当然，今回の部品の戦略的位置づけによって異なってくる。

　このように，戦略―機能―業務と展開し，タイムキャピタルマネジメントで行動へリンケージしていくためには，業務体系表のプロセスを見直し，リデザインしたプロセスに時間資源配分を計画しないといけない。

2　業務プロセスのリデザイン

　毎年，新たなプロジェクトが追加されたり，目標値が高くなるなど，毎年の年度方針に基づいて，業務のプロセスの数も時間資源配分も見直す必要が出てくる。そこでどのように業務プロセスを見直すのかについて考えてみよう。

■ 大分類単位で目的を確認

　時間資源配分は，使命・機能から時間を比率で按分する方法をとる。一方で現状の業務の中身を検討する必要がある。

　図表35［業務プロセスの改善着眼例］は大分類単位での検討である。このプロセスでどんな問題があるのかを列挙・検討し要約したサンプルである。

　大分類単位で考える目的は，機能の目的を見失わないことが目的である。小分類単位での議論では方法議論に終始し，全体の目的を見失う可能性がある。大分類単位で検討することで新たなプロセスの追加などのアイデア

9章 改善

図表35

業務プロセスの改善着眼例

開発プロセス	改善内容および考え方	補　足
4. 構想設計 DR 前のチェック項目確認と新規チェック項目の峻別。チェック項目ですべて気づいている状態。	① 設計DRで使用したQCDチェックリストのチェック確認日 ② 詳細設計のための必要情報の全リストアップ事項の，各部からの回収日の欄。 ③ 詳細設計のための必要情報事項の決定日。 　新たなチェック項目の追加になる。後でやったかのチェックを行う。 ④ 構想設計説明日の欄。 ⑤ 特に生産サイドからの具体的なチェック項目の列挙がポイント。また，それを引き出すこと。	**全図面が揃う日が，次の詳細設計スタートの日** ・後で気づくより，この段階でどれだけ多くの気づきがあるかが重要。 　先にQCDチェックが完遂しているかを確認。追加項目は再チェック項目として記録。次の開発のネタと同時にノウハウ化する。 ・新規追加チェック項目が少なければそれだけ，事前に気づいていたことになる。

・業務プロセスを見直す場合，デザインアプローチと分析型アプローチがある。このケースの着眼点は，分析型アプローチに近い。
・デザインアプローチは戦略的，機能的であるが，現状を見る目も同時に必要で，デザインアプローチと分析型アプローチは常に行ったり来たりするものである。

©Katana New York, Inc., 2006

が出やすくなる。

ただ，小分類単位の検討が無駄かというと，そんなことはない。最後は小分類の検討になる。

小分類の検討は，確実な改善が出てくるので，実行可能性の高い確かな改善案が多く，それらを積み重ねると10%とか20%程度の効率化効果をもたらすことができる。大きな改善をしたいと思えば，デザインアプローチがよいのではないだろうか。

■ 業務プロセスのリデザイン

図表36［業務プロセスのリデザイン例］は製品開発業務のモデル業務体系の一部である。製品設計の大分類，中分類の現状を整理し，あるべき中分類プロセスを描いたものである。

業務プロセスそのものは変わりないが，〈2.3 計画図表の作成〉の時間配分が15%から30%に増えていることがポイントである。結果，後工程の工数が効率化されており，全体の工数が20%減っている。

工数配分がフロントローディングになっているということは，〈2.6 リストによる評価〉の時間が削減されていることなどから，設計時点でのチェック項目や過去トラブルからの学習が計画図作成時点で盛り込まれていると推察できる。あるいは，前工程の構想検討の質が上がっているのだろう。

■ 業務プロセスリデザインのパターン

リデザインの主なパターンは3つである。

① S/T の見直し
- T型業務を標準化しS型業務化することで効率化とノウハウ化を図る。

図表36

業務プロセスのリデザイン例

```
「製品開発業務」
大分類
1. 情報収集        中分類              現状          改善
2. 製品設計 ─┬─ 2.1  要求仕様の確認    S   5      S   5
            ├─ 2.2  構想検討          T  10      T  10
            ├─ 2.3  計画図表の作成    T  15      T  30
            ├─ 2.4  試作図表の作成    T  40      T  15
            ├─ 2.5  見積もり          S   5      S   5
            ├─ 2.6  リストによる評価  S  10      S   5
            ├─ 2.7  DR                T  10      T   5
            └─ 2.8  正式図表          S   5      S   5

                                    全体100      全体 80
                                    T   75%     T   75%
                                    S   25%     S   25%
```

・業務時間全体が20%改善されている。
・T型業務の比率が高いことが気になる。

©Katana New York, Inc., 2006

- S型業務をT型業務化することで付加価値業務へ転換する。

② 時間資源配分の見直し
- 前工程，特にT型業務へ時間シフトをすることで後工程の手離れを良くする。
- 時間値ではなく，比率を大分類，中分類単位で設定する。

③ 業務の統廃合
- 新規業務の追加，業務の廃止，アウトソーシング業務をデザインする。

10章 日々の行動

　組織として，どの業務にはどれくらいの時間を投資するのか，大局的に配分する力と，一人ひとりが目標時間をもって仕事の臨む癖，この2つをシスティマティックにリンケージすることで，組織は思い通りに実現する力を得ることができる。

　ではどのようにして，システィマティックにリンケージしていくのか。

■ タイムキャピタルマネジメント全体の仕組み

　タイムキャピタルマネジメントは組織と個人の2つに分かれる。

■組織としてのタイムキャピタルマネジメント
① 単年度戦略方向づけと資源配分
　　中計などの方針を受けて，部門単位で年度計画および年度方針を設定し，同時に時間資源配分（例えば，新規のプロジェクトの追加）の方針を決める。
② 部門業務計画——内容は以下の4つ
　ⅰ 業務体系追加業務など見直し
　　　昨年実績と今年度計画を比較し，業務体系を見直しする。部門

内で課（職場）の編成が変わることもある。業務体系の統廃合や追加を行う。

ⅱ 業務・プロジェクト別時間資源配分

見直された業務体系に基づき，職場メンバーと一緒に，各業務の目標成果や統廃合や追加された意図などを説明・確認しながら計画業務マップを作成する。

ⅲ 個人別年間時間計画

個人別の大分類別時間資源配分を計画する。

ⅳ 改善計画

計画を実施するための対策（方向）とそれに要する時間を計画する。

③ 業務・プロジェクト別月間時間資源配分

組織として，業務全体の繁閑を予測しながら，月間計画にブレークダウンする。実際は半年単位でまずは計画し，そこから月間へ落とす。

④ 月間個人別時間資源配分

大分類，中分類単位で月間の時間資源配分を計画する。

ここまでは組織として計画する。したがって，できれば合宿会議でも開いて，メンバー全員で確認しながら②〜④は行うとよいだろう。ⅳの改善計画にはある程度時間をかけたほうがよいので，改善をいったん宿題としてメンバーに渡し，その後，合宿会議でもよいだろう。計画というのは，年間の部門または職場の意思と意志を確認し共有することが目的である。必要な時間は投資する。

⑤ 週間業務計画

1週間40時間の計画に関しては，組織は関与しない。週間単位で

10章　日々の行動

図表37

組織と個人のリンケージ

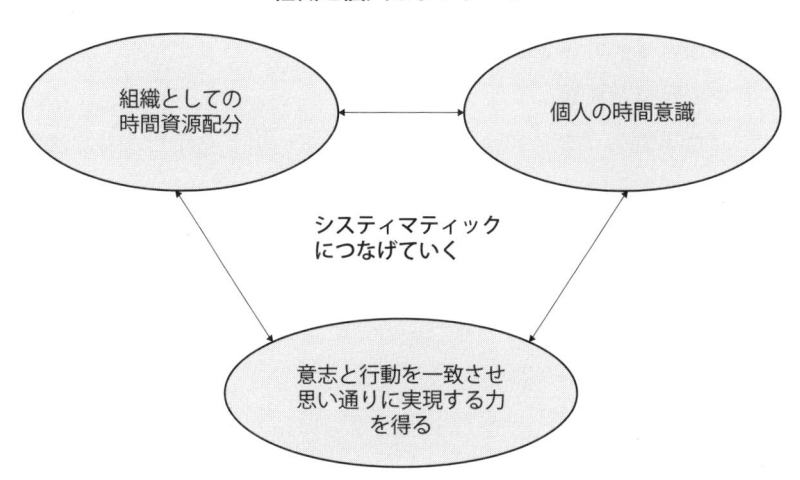

```
    組織としての              個人の時間意識
    時間資源配分  ←——————→

            システィマティック
              につなげていく

           意志と行動を一致させ
           思い通りに実現する力
                 を得る
```

・徹底実践をしていくには，組織の思いと個人の日々の行動力が相乗効果をもってリンケージすることで，生まれてくる。その仕組みはできるだけシンプルでシスティマティックなものがよい。

©Katana New York, Inc., 2006

の成果の確認は週間業務計画を使って行うが，月曜日の午前中に何をするか，火曜の15時に何をするかといった確認は組織としては確認しない。個人の主体性がなくなるからである。ただし，計画未達成の場合は別である。

⑥ 日々の目標と実践

年度方針およびその意図や重要性を思い出しながら，目標時間を意識しながら業務に取り組む。

⑦ 行動の成果を週間レベルで振り返る

週間業務計画を使って1週間の結果を振り返る。今週計画したアウトプットは予定通りできたのか，T型業務に時間消化率はどうであったのか，S型業務化すべき業務の改善はできたのか，新規の攻めの活動はできたのかなどを週間単位で振り返る。週間業務計画は上司に報告する。週間単位での振り返りは主に小分類単位の確認に近いイメージである。

⑧ 月間での振り返り

月間単位の振り返りは組織として行う。メンバー全員集まって報告・検討する場面である。月間での振り返りは中分類および大分類単位での振り返りに近いイメージである。

⑨ 次月への課題

月次の結果を受けて，次月への対策を検討し，計画する。

⑩ 年間での振り返り

半年単位および年度単位で振り返る。必要に応じて，下期の業務マップ（人，業務，時間資源配分）をリデザインする。

⑪ 次年度課題

年間の実績を振り返る。次年度へその課題を反映させる。

10章　日々の行動

図表38

タイムキャピタルマネジメント全体の仕組み

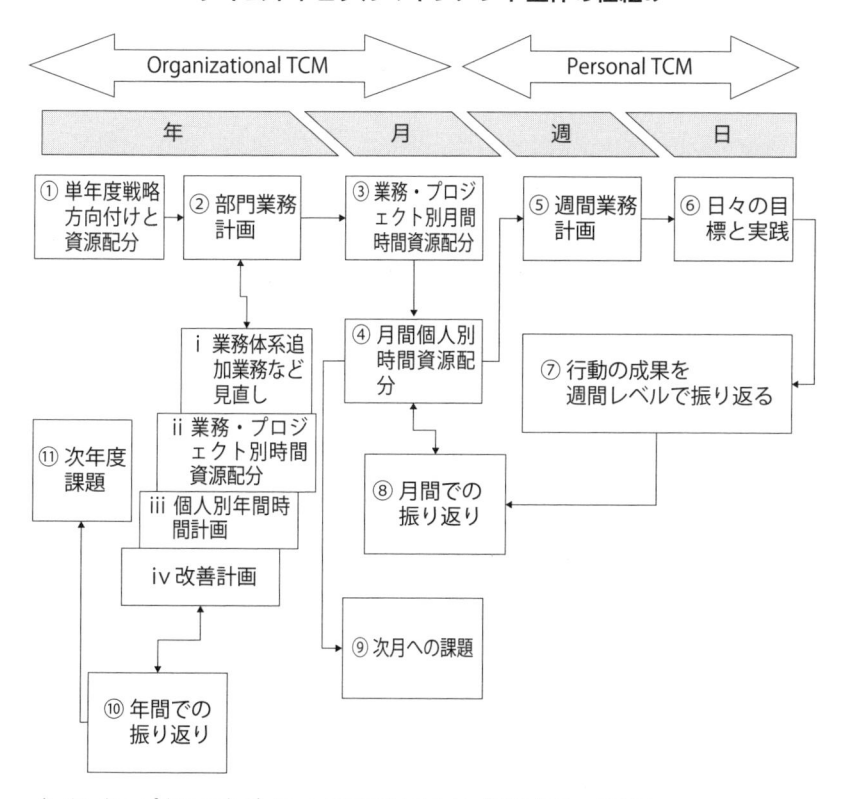

```
←―― Organizational TCM ――→ ←―― Personal TCM ――→
    年           月          週          日
```

① 単年度戦略方向付けと資源配分
② 部門業務計画
③ 業務・プロジェクト別月間時間資源配分
④ 月間個人別時間資源配分
⑤ 週間業務計画
⑥ 日々の目標と実践
⑦ 行動の成果を週間レベルで振り返る
⑧ 月間での振り返り
⑨ 次月への課題
⑩ 年間での振り返り
⑪ 次年度課題

ⅰ 業務体系追加業務など見直し
ⅱ 業務・プロジェクト別時間資源配分
ⅲ 個人別年間時間計画
ⅳ 改善計画

・タイムキャピタルマネジメントで重要なことは「振り返り」である。

©Katana New York, Inc., 2006

● 振り返り

　やたらと振り返りが多いように感じるかもしれない。しかし，時間意識を身につけるには行動習慣を変える必要がある。意識を変えることができる人はすでにやっている。

　時間の使い方はそれぞれ癖がある。例えば，納期が直前に迫らないとやる気がでない人。一つひとつを完璧に仕上げていかないと気がすまず，結果，納期直前でばたばたになってしまうタイプなどである。だいたい子供の時からそういう性格なのか，あるいは事業からくる業務特性なのか知ることが大切である。顧客特性によって時間の使い方は変わる。とにかく飛び込みが多い仕事などといった特徴を把握することが基本であるといえる。

　「昨日はいくつの仕事をやりましたか？」
　「その仕事の数は計画していましたか？」
　「その仕事に投資した時間は適切でしたか，計画したものですか？」
　「では，先週のアウトプットはいくつですか？」

　なかなかこうした質問に回答することは難しい話である。しかし，昨日を振り返らない人が明日の良い計画をつくれるとは思えない。

　一生懸命にやっているとしても，それが戦略的であり，計画的であるかどうかは別である。

　もちろん，ビジネスの場面では，1日単位での計画と実績を問うていては間尺に合わない。1週間，1ヵ月といった単位になる。リードタイムが1ヵ月なら先ほどの問いは1ヵ月になる。婦人服なら4シーズンなので3ヵ月になる。ホワイトカラーの生産性が，生産現場と比較して低いといわれる原因は，まずは時間意識，計画性にある。計画と実績の比較をしていないので，無駄を把握することもできない。手戻り時間（品質コスト）も把握していない。同じ問題を何度も再発させている。事前にトラブルを察知することもで

きない，といった事態に陥ってしまう。

　振り返りの仕組みというのはサポートシステムという。気づかせてくれる仕組みである。結果の評価とは異なる。

　「戦略でも機能でも改善でも気づかせてくれる仕組みは何ですか？」もし仕組みがないのなら，せめてアドバスをくれる人，諫言してくれる人，メンターをもつことをお薦めする。

2　日程計画

　帳票は一元管理がベストである。いくつもの帳票をもつことは時間とコストを要することになる。したがって，できるだけ少なくするのが基本である。業務システムも同様である。

　日程計画は年間，月間，週間の3つを作成する。目的は年度の意思を日々の業務につなげるためである。大日程は年間計画であり，大分類（機能）単位で年間の投資時間を書く。月間計画は業務別に4週の配分をデザインしたものである。

　例えば，年間のプロジェクトを計画したときに，6月が最もT型業務も多くたいへんになるぞ，8月にはこんな質問がくるはずだ，といった臨場感が出てこないと計画は実現できない。6月は意外とスムーズにいったな……，という実感がその時にあれば，イメージと異なるので何か原因があるはずである。7月にとんでもないトラブルが起きるかもしれない。スムーズにいったからよいというものではない，臨場感のないものは駄目である。

　週間業務計画はどの職場にもそれに近いものはあると思う。一人ひとりが，来週自分がやる業務の数が言えることが基本である。「私の来週のア

ウトプットは3つで，主なアクティビティは10個です」。

3　週間業務計画

　行動のマネジメントにおいて週間業務計画が核になる。自分の1週間の仕事のデザインである。週間業務計画のようなものは使っていないという組織もあると思うが，給与をいただいて仕事をするうえで，仕事の計画と結果を報告するのは当然だと思う。面倒だとかそういう類の話ではない。書くこと，報告するために多大な時間を使う必要はない。どんなものでも目的的に行う。

　週間業務計画で最も重要なのは，今週のアウトプットである。その下段の課題ばらしというのは，アウトプットのブレークダウンのことである。そのアウトプットを達成するための個々のワークをデザインする。この欄は多い方がよいのではないだろうか。もし1週間でアクティビティが40個あれば1個1時間である。項目が列挙できなければ時間計画はできない。10個くらいであれば曜日に転記しなくてもよいだろう。各アクティビティを消し込んでいけばすむはずである。仮に20個出てくると，順番を考えないといけない。

●老　眼

　ちなみに私は50歳になるが，老眼がひどく，遠近両用めがねを使っている。タイムキャピタルマネジメントというのは，遠くを見ながら近くを見るようなものである。

10章　日々の行動

図表39

3つの業務時間計画

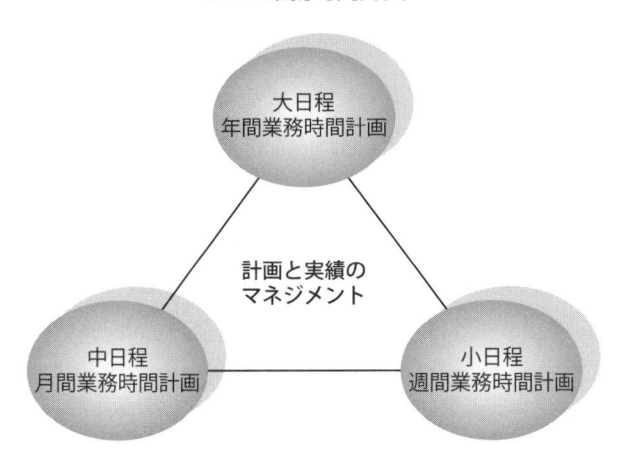

```
           大日程
        年間業務時間計画

          計画と実績の
           マネジメント

   中日程              小日程
月間業務時間計画      週間業務時間計画
```

・意志（組織および個人の年度の方針と目標）と行動（日々の活動）を一致させていくには，年間の計画と週間の計画をつなげていく仕組みが必要である。
・1人1800時間や2000時間すべてを緻密にマネジメントしようとするのではない，それは不能解である。大切なことは優先順位をつけることであり，計画と今の行動がつながっているという実感をもつツールと場を提供することである。

©Katana New York, Inc., 2006

週間業務計画というのは曜日が主役ではなく，アウトプットとそのブレークダウンが鍵なのである。曜日が大事だとすれば，それは予定である。会議とか打ち合わせとか他者との約束事である。これは計画表だから，どんな業務にどれだけの時間を投資するかを決めるための表である。計画とは主体的なもので，予定とは基本的に異なる。

　今週の結果○△×というのは，本人が評価する。今週の計画したアウトプットの数と品質の結果を記入する。50%程度なら×である。翌週に残り半分が加わる。おそらく翌週は不可能だろう。

　所感は，今週の結果を見て本人が自分のために記入することである。手書きをお勧めしたい。自問自答することが目的である。自分の字を見ることである。1週間に5分くらいはできるはずである。

● スケジュールはオープン

　私はスケジュール表の類は常にオープンが良いと思っている。見えないと意識できない。他者からも見えることが基本である。そもそもコラボレーションというのはインタラクティブ（双方向）であることが基本である。スケジュールはどうだろうか？　一人で仕事がすべて自己完結できる人なら勝手につくって構わない。人の顔を見ないコミュニケーションには限界がある。仕事というのは，社会であり，良い仕事は触発しあう関係にのみ成立する。

　スケジュールは情報伝達会議の類とは異なる。意志の共有であり，マネジメントの基本である。スケジュールそのものも大切であるが，スケジュールをつくるプロセス自体が本質的に共有されることが大切である。成果というのは作業の連続で成立するのではなく，さまざまな機能を展開していくなかで，目的や成果を共有，伝承していく意志の連携プレーが大切なのである。

10章 日々の行動

図表40

週間業務計画

週間業務計画

今週のアウトプット			時刻	曜日					
				月	火	水	木	金	土
( )	1								
( )	2		8:00						
( )	3								
( )	4								
( )	5								
アウトプットの課題ばらし									
( ) 1	( ) 16								
( ) 2	( ) 17		12:00						
( ) 3	( ) 18								
( ) 4	( ) 19								
( ) 5	( ) 20								
( ) 6	( ) 21								
( ) 7	( ) 22								
( ) 8	( ) 23								
( ) 9	( ) 24								
( ) 10	( ) 25		17:00						
( ) 11	( ) 26								
( ) 12	( ) 27								
( ) 13	( ) 28								
( ) 14	( ) 29								
( ) 15	( ) 30								
今週の結果○△×	所感								

・週間業務計画は曜日の欄が重要なのではい。
・所感は手書きが望ましい。

©Katana New York, Inc., 2006

4　セルフチェック

　週間業務計画が目的的にできると，**図表41**［徹底実践できているかどうかのセルフチェック］のチェックリストにすべてチェックをつけることができる。個人の力と組織の力をリンケージするうえでの必要条件である。
　時間空間を作業で埋めていないか，というのは例えばこういうことである。提案書を作成する業務がある。どのように提案してよいかイメージもアイデアもない。でも後2日で仕上げないといけない。とりあえず表紙を書いた。次に会社の案内や実績などについて写真などを使って数枚つくった。これだけで結構時間がかかった。こんな話である。やることが見えていないからS型業務についつい時間をかけてしまったのである。まずは結論である。次に目次構成である。起承転結が見えていなくて，とりあえず表紙というのは，作業で時間空間を埋めて，安心しているだけということになる。

●1週間は28時間

　そもそも40時間をすべてマネジメントすることなど不可能であるし，40時間隙間なく仕事をすることは困難である。S型業務のみであれば可能かもしれないが。
　通常はT型業務とS型業務の組み合わせである。人は機械ではない。考え，試行錯誤し，心を決める時間が必要である。心決めずとった行動には無駄がある。週間業務計画をつくるときは，40時間ではなく，28時間が資源枠と考えたい。

10章 日々の行動

図表41

徹底実践できているかどうかのセルフチェック

1. ☐ 今日やる仕事の数を列挙しているか？
2. ☐ 時間空間を作業で埋めて安心していないか？
3. ☐ 改善計画をもっているか？
4. ☐ 仕事に着手する前に目標時間を設定しているか？
5. ☐ 作業ではなく，自分が果たす成果が言えるか？

・計画にそんなに時間などかけていられないという方。成果のイメージをゆったり（長時間かけるということではなく）と描いているだろうか。目的のないところにマネジメントはない。

©Katana New York, Inc., 2006

11章　成　果

定量的な成果と定性的な成果を紹介する。

❶　タイムキャピタルマネジメントの成果

タイムキャピタルマネジメントは，組織の力，個人の力，改善の3つを

図表42

タイムキャピタルマネジメントの成果

1. 組織としての優先順位を定量的に明示する。
   ・戦略を時間資源を使って示す。
   ・戦略を行動レベルに落とし込む。
   ・構造改革型業務の時間を創出する。
2. Ｓ型業務化を促す。
   ・標準化レベルを促す。習熟を高める。
   ・Ｔ型業務を活かす。
   ・効果的なアウトソーシングやＩＴ化が可能となる。
3. 一人ひとりの行動変革をもたらす。
   ・計画性が高まる。
   ・目標時間を意識する。
   ・スキル向上を求める。

©Katana New York, Inc., 2006

有機的に融合した仕組みである。戦略，使命を達成するために目的がある。

■ 組織としての優先順位を明確にする

時間という共通言語を使って優先順位を定量的に示す。時間は，行動を変える最も有効な共通尺度である。会社方針，部門方針を具体的に臨場感をもってイメージするものといえる。前述したように，時間計画のない計画はやる意志のない計画と同じである。マネージャーとして組織の心を束ねたいと思うのであれば，時間で語ることである。

■ S型業務化

S型業務のレベルが組織によって異なるということは説明した。S型業務化すべきかどうかということである。S型業務は理屈から考えれば，量の多い仕事に適した改善である。しかし，量だけでなく，属人化した（その人しかできない）業務を共有する，他の人でもできるようにする，つまり技術化するという意味もある。

レベルの高い会社のS型業務を見ると保全的な（決して生産現場だけのことを言っているのではなく，トラブルやミスなどを起こさせない仕事品質を維持する）仕事がプロセスデザインされている。

また，S型業務だから正社員でやらせない，という考えは乱暴である。スキルの伝承やノウハウの蓄積を要する業務もあれば，S型業務があるからゆとりをもって考えることができるというワークスタイルがむしろ創造的仕事を生み出す。S型業務化するということは，T型業務の時間を創出する。改善スキルは全員がもつべきスキルなのである。

11章　成　果

図表43

3つのイノベーション

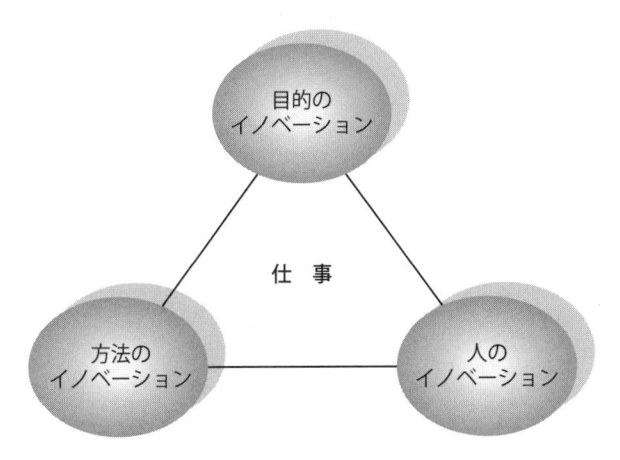

```
           目的の
         イノベーション
            ／＼
           ／  ＼
          ／仕 事＼
         ／      ＼
    方法の────────人の
  イノベーション   イノベーション
```

・成果の革新，プロセスの革新，意識の革新と言い換えることができる。

©Katana New York, Inc., 2006

■ 一人ひとりの行動変化

　この業務にもっと時間を投資しよう，そして1年後こんな成果を実現し，みんなで旨い酒を飲もう，とイメージする。そのためには，この業務を効率的にこなさないといけない。さらに，そのために今の仕事に集中しないといけない。このような将来と今を結びつける強いビジョンとパワーが今の行動を変革させるのである。

　一生懸命にやるのではなく（これは大切なことだが）計画的にやるのである。時間は有限である。したがって成果を鑑み，目標時間をもって，意図した成果を出し，達成感を味わうのである。それを実現するためには，改善もするし，段取りも抜け漏れなく行うようになりスキルも気づかぬうちに向上していくのである。

2　3つのイノベーション

　タイムキャピタルマネジメントは，戦略と日々の行動をリンケージすることで，成果を変え，方法を変え，意識を変える。

　この3つはリンケージすることでパワーが出る。組織の成果を変革するには，機能やプロセスや業務を変革する。同時に時間に対する個人の意識を求める。単に，時間意識をもて，というのは辛いものである。時間意識をもたざるをえない環境，仕組みが大切であり，そうした環境に組織と自分の身を置くことである。

　「私なりに頑張っている」，そんな慢心やおごりや矜持は組織と自分の成長を妨げる。"私の殻""自分の殻"を超えることがイノベーションである。近頃は「私(わたし)的には……」といった類の表現があるが，それは主体性のない，自立性のない，逃げている，既存のものに自分を入れて自我を

| 11章　成果 |

図表44

企業力指標

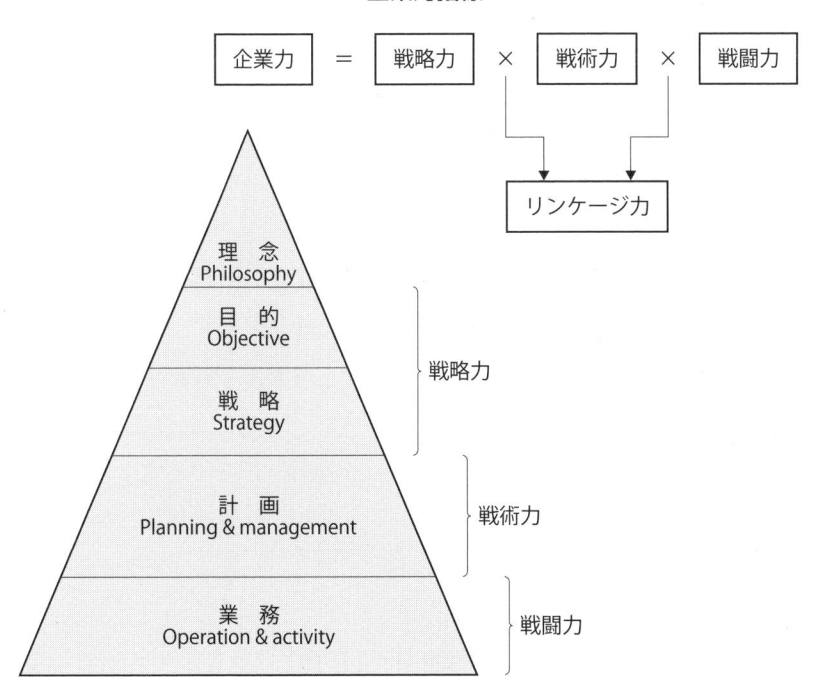

企業力 ＝ 戦略力 × 戦術力 × 戦闘力

戦術力と戦闘力 → リンケージ力

ピラミッド構成：
- 理念 Philosophy
- 目的 Objective ┐
- 戦略 Strategy ┘ 戦略力
- 計画 Planning & management 〕戦術力
- 業務 Operation & activity 〕戦闘力

©Katana New York, Inc., 2006

維持している，そんな人の言葉に聞こえる。

3 成果測定

■ 企業力

企業価値やファイナンス主流の指標とは随分異なるが，戦略を徹底実践するには，戦略力，戦術力，戦闘力そしてリンケージ力の4つが必要になる。

戦略力は，戦略やテーマを設定する，そして何よりもビジョンを描く力である。戦術力は使命を機能に展開し，業務にデザインし，あるいはリデザインする力である。戦闘力は日々決めたことを粛々と行動する力である。そしてこの3つをつなげていく力をいう。

機構・運用・人の展開とそれを時間という共通言語を使って，行動へ直結させるタイムキャピタルマネジメントがリンケージ力である。

■ 時間生産性指標

図表45［時間生産性指標］は**図表36**［業務プロセスのリデザイン例］（137ページ）の実績である。

- 80時間の計画であったが85時間になった。
- 要求仕様の確認，構想検討という全工程で7時間オーバーした。
- T型業務の消化率は95％で計画通りの時間を投資できなかった。
- 納期は1日オーバーですんだ。
- リストによる評価がS型業務であるが3時間オーバーした。このリストではカバーできない内容のものが出てきたのかもしれない。

計画と実績を比較して以上のような整理ができた。この結果を見てどの

11章 成果

図表45

時間生産性指標

中分類	改善後計画				実績				
	S/T区分	計画時間	着手予定日	完了予定日	計画業務	追加業務	計	着手実績日	完了実績日
2-1 要求仕様の確認	S	5	1	1	7	3	10	1	2
2-2 構想検討	T	10	2	3	12	0	12	3	4
2-3 計画図の作成	T	30	4	8	27	0	27	5	9
2-4 試作図の作成	T	15	9	11	12	0	12	10	12
2-5 見積もり	S	5	12	12	3	2	5	13	13
2-6 リストによる評価	S	5	13	13	5	3	8	14	14
2-7 DR	T	5	14	15	6	0	6	15	16
2-8 正式図	S	5	16	16	5	0	5	17	17
計		80			77	8	85	106.3%	1
内訳	S	20	25.0%				28	32.9%	140.0%
	T	60	75.0%				57	67.1%	95.0%

予定納期より1日オーバー

追加業務8時間発生

中分類として5時間オーバー

T型業務は95%の消化率

S型業務は140%の消化率

©Katana New York, Inc., 2006

ように評価されるだろうか？　この事例は大分類2のみの結果なのでプロセス全体から成果を見ないと判断はできないと思うが，この大分類2が計画通りにできなければ間違いなく，他のプロセスに影響を及ぼす。

　評価も大切であるが，もっと大切なのは次の大分類に向かってどんな対策を練るかである。どんな対策が必要なのかに気づくことといえる。

12章 リンケージを妨げるもの

何がリンケージを妨げるのだろうか。「私（わたし）的に頑張っている」

図表46

プロセスは目的と意志の伝達

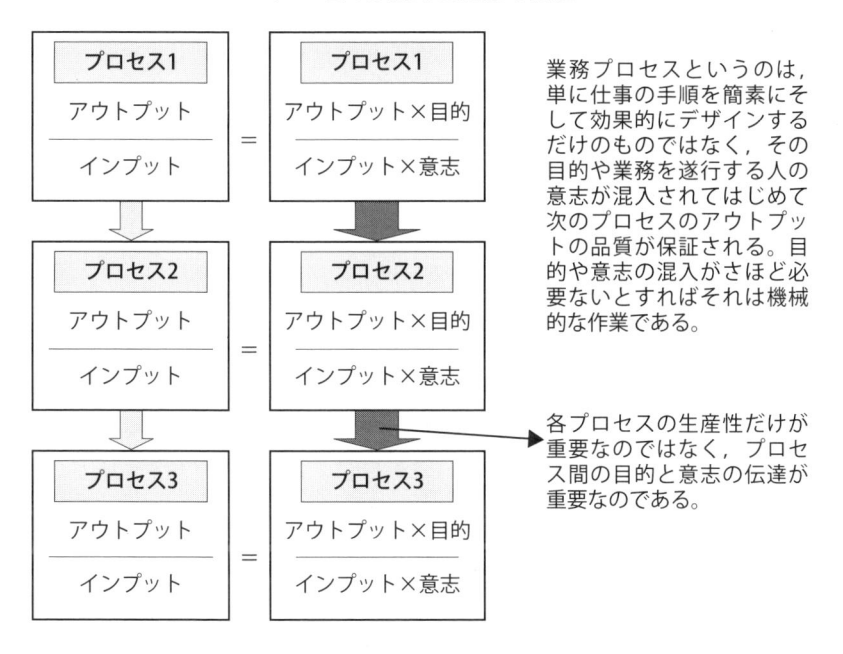

プロセス1 アウトプット／インプット	=	プロセス1 アウトプット×目的／インプット×意志
プロセス2 アウトプット／インプット	=	プロセス2 アウトプット×目的／インプット×意志
プロセス3 アウトプット／インプット	=	プロセス3 アウトプット×目的／インプット×意志

業務プロセスというのは，単に仕事の手順を簡素にそして効果的にデザインするだけのものではなく，その目的や業務を遂行する人の意志が混入されてはじめて次のプロセスのアウトプットの品質が保証される。目的や意志の混入がさほど必要ないとすればそれは機械的な作業である。

各プロセスの生産性だけが重要なのではなく，プロセス間の目的と意志の伝達が重要なのである。

©Katana New York, Inc., 2006

と主張し，隣の人の声に耳を傾けない姿勢であったり，目的的に考えず早く処理することが目的に転化してしまったり，会社の戦略がわからないと質問もせず自分なりに解釈してしまう意識などいろいろあるだろう。

1　意志の伝達

　例えば，車の生産を考えてみる。それはどんな人にどんな感動を与えたいのかという意志が込められているはずである。そして車ができた。ところが，販売店で，販売員が，「この車よりこっちの車の方がお買得ですよ」としか言えなかったとする。これは寂しい話である。
　一人ひとりが，一つひとつの業務が，一つひとつの機能がそれなりの品質で達成できたからといって，当初ねらった成果が達成できるかどうかは別である。そこには共通言語があるはずである。コミュニケーションとはよく話し合うことだけではない。逆に嫌いになることさえある。大切なことはどんな共通言語で話し合っているかである。つまり，共通言語をもって時間空間を共有するような運用を仕組みとしてデザインすることが大切なのである。

2　理解・納得・共感・行動

　図表47［理解・納得・共感・行動］は以前，私が『プロジェクトマネジメント』という本で紹介したものであるが，あらためて紹介したい。
　戦略や使命，機能を理解することである。正しく誤解なく解釈することが理解である。理解しても人は臨場感がないものは納得しない。イメージがないものでは人は動けないのである。イメージとは，第3章で紹介した

12章 リンケージを妨げるもの

図表47

理解・納得・共感・行動

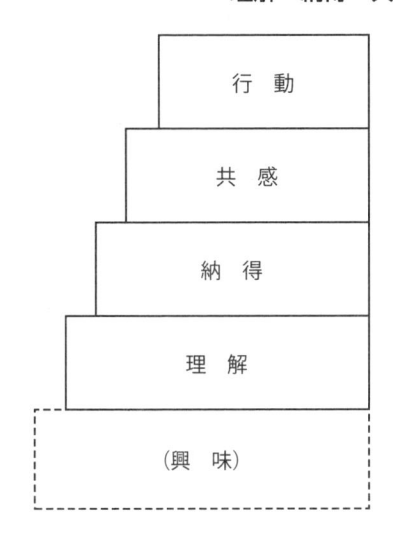

```
        ┌──────────┐
        │   行 動   │
     ┌──┴──────────┴──┐
     │     共 感      │
  ┌──┴────────────────┴──┐
  │        納 得         │
┌─┴──────────────────────┴─┐
│          理 解           │
└──────────────────────────┘
┊         (興 味)          ┊
└┄┄┄┄┄┄┄┄┄┄┄┄┄┄┄┄┄┄┄┄┄┄┄┄┄┄┘
```

- 人が自律的に行動するのはいくつかのステップがある。この仕事の目的はこうです……ではやってください，と理解からいきなり行動を求めてはそれはやらせになり，作業的に処理するようになり，結果たいしたものはできないし，責任感もこだわりも出てこない。このステップは組織の問題でもあるが，基本的には個人の問題である。

©Katana New York, Inc., 2006

ビジョンのことをいう。スキーを滑る人は，足元だけを見て滑っているわけではない。それでは転んでしまう。ゴールを見て，足元を見て，それを繰り返しながら滑っている。

　しかし，納得するにはある条件がある。自分の経験で自分の言葉で語る力が必要である。

　納得したからといって人は動かない，共感しないと人は主体的に動かないのである。しかし，この共感にも条件がある。その人自身が何をしたいのか，主体的な目的やテーマや目標をもっているかどうかである。組織の目標に対して，自分のなかで自分の目標と対話をしなければ共感や賛同は生まれない。

　理解，納得，共感のプロセスを経てはじめて人は自律的に行動する。つまり，困難はあるが，理解，納得，共感するような仕組みと運用を僅かであっても，デザインすることである。

　一番下の興味というのがあるが，これは後から追加したものである。近頃は理解することもしようとしない人に会うことが多くなった。だからといって相手を批判しても始まらない。理解を示す前に興味をもつことである。人は興味がないことは見えない。どうしたら興味をもてるのか。一つは現場を見ることである。工場でも街中でも。もう一つは知ることである。知識は好奇心を引き出してくれるのである。

3　運用モデル

　機構・運用・人そしてタイムキャピタルマネジメントの要素を入れた仕組みや運用とはどんなものだろうか。目標管理制度をこのリンケージマネジメントの要素を加えたものを紹介する。

12章 リンケージを妨げるもの

図表48

目標管理制度運用モデル

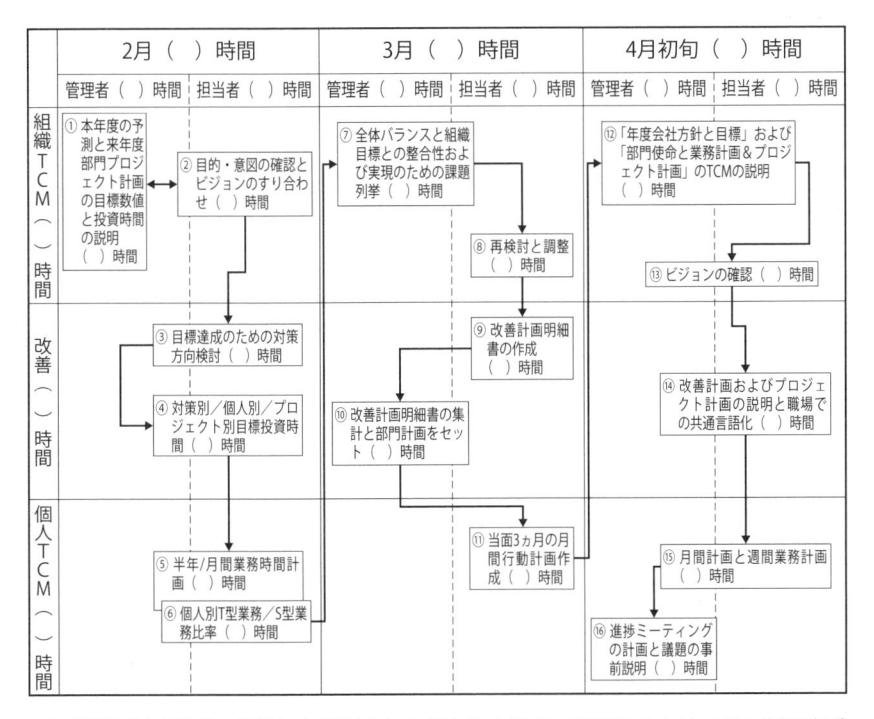

		2月（　）時間		3月（　）時間		4月初旬（　）時間	
		管理者（　）時間	担当者（　）時間	管理者（　）時間	担当者（　）時間	管理者（　）時間	担当者（　）時間
組織TCM（　）時間		①本年度の予測と来年度部門プロジェクト計画の目標数値と投資時間の説明（　）時間	②目的・意図の確認とビジョンのすり合わせ（　）時間	⑦全体バランスと組織目標との整合性および実現のための課題列挙（　）時間	⑧再検討と調整（　）時間	⑫「年度会社方針と目標」および「部門使命と業務計画＆プロジェクト計画」のTCMの説明（　）時間	⑬ビジョンの確認（　）時間
改善（　）時間		③目標達成のための対策方向検討（　）時間 ④対策別／個人別／プロジェクト別目標投資時間（　）時間		⑨改善計画明細書の作成（　）時間 ⑩改善計画明細書の集計と部門計画をセット（　）時間		⑭改善計画およびプロジェクト計画の説明と職場での共通言語化（　）時間	
個人TCM（　）時間		⑤半年／月間業務時間計画（　）時間 ⑥個人別T型業務／S型業務比率（　）時間		⑪当面3ヵ月の月間行動計画作成（　）時間		⑮月間計画と週間業務計画（　）時間 ⑯進捗ミーティングの計画と議題の事前説明（　）時間	

・目標管理制度はどの組織にも類似のものがあると思う。重要なことは，4月に新年度が開始されたら，日々意識して行動できるかどうかである。そのためにどのように制度を運用するかが最も重要である。金額予算が10％上がったとして，日々の動きが10％変わるだろうか？　目標管理制度に価値があるのではなく，目標管理制度の運用の仕方そのものに価値がないといけない。

©Katana New York, Inc., 2006

仮に3月決算の会社とする。2月から来年度の計画を立案するとする。縦軸には，組織のタイムキャピタルマネジメント，個人のタイムキャピタルマネジメント，そして改善の3つの場面を設定している。なぜ，そうしたフレームワークにしたかといえば，タイムキャピタルマネジメントだからではなく，どんなプロセスをデザインするかを創造するためである。
　このモデルでは以下のことに回答することができる。
- 4月初旬までのアカウンタビリティの数をみんなが言える（見える）。
- 管理者および担当者が毎月何時間使うのか言える。
- 管理者，担当者がどんな順番で，関係性でやるのか言える。
- 改善に何時間投資するのか言える。
- 一緒に行う場面が言える。

　後は，中身の問題になる。

13章 成功のための

経営にかぎらずスポーツでも成功の秘訣は変わらない。

1 日々粛々と

　最初にビジョンを描く。自分の言葉で語る，文字にする。ありありと描き，描きながらわくわくする情熱を感じる。

　そのビジョンを実現するにはどんな環境に身をおくべきかを考える。あるいは，今の環境をどのように変えるかを考える。厳しい上司につくのもよい，出向もよい，とてつもなく高い目標を設定してもよい。要は修羅場を経験できる場を求めることである。

　次に方法を考える。誰もやらないプロジェクトにエントリーするか，自社が最も苦戦しているエリアへ行くか，どんな方法でその意向を伝えるか，あの先輩と一緒に仕事をする機会をどのようにつくるか，など具体的に考える。ではそれはいつまでにどの程度やるのか目標設定をする。この半年でやること，今月やること，今日やることを設定する。

　そして決めたことを，日々粛々と，一つひとつ，実行する。

2 管理は微分，評価は積分

　管理が積分になっていることがある。結果だけを見る（正確にいえば結果だけの微分であるが）。

　微分すべき瞬間が見えていることが最も大切である。全体プロセスが見えているからカットすべき点が見える。図表45［時間生産性指標］（159ページ）を再度見てほしい。すべてのプロセスを管理してもよいが，重点管理するとすれば，どの中分類を管理するか。計画だけ眺めると，ついT型業務にポイントを絞りたくなる。〈2-3 計画図の作成〉を見るようにしようと思う。しかし，実績を見ると，〈2-3〉はむしろ時間内に終了している。この大分類で重要なのは，T型業務を集中してできる状態にする段取りだと推察できる。〈2-1 要求仕様の確認〉を見ると，追加のワークで3時間を要している。プロセスが欠如していたか，予期せぬ変更があったかはわからない。

　他に追加業務があるのは，〈2-5 見積もり〉（S型業務）と〈2-6 リストによる評価〉（S型業務）である。T型業務はスキルある人が集中できればある程度品質は読めるが，それを妨げるものは，前提条件が直前まで決まらないとか変更があったとか，集中できないような，都度確認しながら進めるしかなかったなどの前段取り，後段取りであることが多いと，マネージャーが予想していたら，微分する業務は，〈2-1 要求仕様の確認〉になる。微分するポイントは形式的にT型業務だから，時間配分が多い業務だから，ということではない。業務プロセス全体の臨場感を描くことができたときに，経験から，直感的・直観的に，確信をもって指摘することができるものである。

13章　成功のための

図表49

成功するための手順

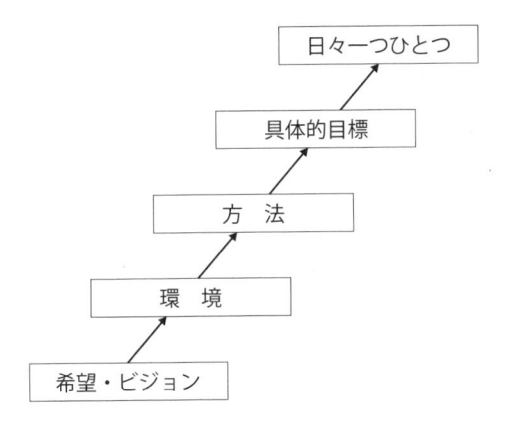

```
            日々一つひとつ
          ↗
      具体的目標
    ↗
   方　法
 ↗
環　境
↗
希望・ビジョン
```

©Katana New York, Inc., 2006

図表48［目標管理制度運用モデル］（165ページ）を見てみよう。①と②とどちらのアクティビティを微分すべきだろうか。従来であれば，資源配分計画することが業務であり，その品質にこだわり，そのアウトプットにこだわる。しかし，成果は②で決まる。何を微分するかは，機能，プロセス全体をリデザインすることによって，何よりもリデザインの結果，人の動きが見えることが前提である。人の動きが見えないから，②より①に重点をおいているのである。

3 オープンでシスティマティック

リンケージマネジメントというのはわざわざマネジメントすべきかどうかという疑問もある。それくらいは言われる前にやることだろうと思うが，言われなければやらない，言ってもやらないといった状況に多々直面する。

マネジメント・バイ・オーダー（一つひとつ指示をする）ではなく，マネジメント・バイ・オブジェクティブ（目的を言えば後は何をすべきかが自律的に動き，結果を期待できる状態）であってほしいが現実はそうはいかないらしい。

マネジメントの本質を考えるに，オープンでシスティマティックであることがすべての基本のように思える。完璧な仕組みやルールというものはない。しかし，その仕組みやルールが誰にでもオープンであること。その仕組みが場当たり的でなく，ルールに基づいてシスティマティックに運営されていること。そしてその結果がオープンになっていることが基本である。コーポレートガバナンスにおいても同様である。使命，機能，業務，役割，時間がシスティマティックに見えることである。

13章 成功のための

図表50

管理は微分，評価は積分

大分類		中分類		小分類	
3	構想設計・設計変更手配	1	要求仕様確認	1	移動
				2	客先打合せ（訪問，TEL）
				3	内部打ち合わせ
				4	製品企画書作成
		2	構想検討	1	技術資料・図面の検索・調査
				2	リーダー打ち合わせ（指導・相談）
				3	構想案作成（アイディアスケッチ）
				4	設計（レイアウト・計算）
				5	客先打合せ
				6	CADデータ変換
				7	移動
		3	DR	1	DR資料作成・準備
				2	DR
				3	移動

⇐ 管理（要求仕様確認）
⇐ 管理（構想検討）
⇐ 管理（DR）

⇑ 評価

- 管理の細かさは，目的によってさまざま。
- 評価することが目的ではない。
- プロセス毎の時間生産性だけで評価してはいけない。アウトプットの品質や最終顧客満足など範囲によって評価尺度は追加される。何を評価尺度として追加するのか，志などの指標を入れても面白い。大切なことは，更なる改善や前進に向かって，つなげていくことである。

©Katana New York, Inc., 2006

[著者紹介]

宮川　雅明（みやがわ　まさあき）

1956年山口県下関市出身
学習院大学大学院経営学研究科修了（1期生）

大学院在学中に㈱日本能率協会コンサルティング入社（1982）。戦略組織，業務革新，人材マネジメント＆活性化コンサルティングのマネージャー，コーポレートガバナンス推進室長などを経て退社（2000）。

上場企業顧問，独立系コンサルティング会社代表取締役社長，テンプル大学ジャパン企業内プログラム講師（国際戦略）などを歴任。

現在，Katana New York, Inc.（本社米国ニューヨーク），カタナニューヨークジャパンのPresident & CEO Diploma in Company Direction（英国経営者協会認証取締役）

《公益活動》　JBL（40歳で社長を目指す年間プログラム，主催㈳日本能率協会）を開発（2000），1期～6期生のコーディネーターを務める。公開プログラム「プロジェクト・リーダープログラム（PLC）」を開発（1998）。リスクマネジメント協議会コーディネーター（2002）。ホワイトカラー生産性向上フォーラムコーディネーター（1993～1994）。Managing Business Risk 国際シンポジュームコーディネーター（2002）など歴任。特殊法人のコンサルティング（3年間）。

《主なコンサルティング活動》　グローバル繊維・化学（生産性向上；5年間），グローバル海運（長期戦略；5年間），外資系生保（時間生産性向上＆BSC；4年間），精密部品（BPR40%生産性向上；4年間），電子光学機器（プロジェクト・マネジメント；5年間），家電（組織開発；4年間）など。主なコンサルティングテーマは事業戦略，生産性向上。

《オリジナルプログラム》　プロジェクト・マネジメント7つの原理®，K-SWOT™（事業戦略立案プログラム），タイム・キャピタル・マネジメント（徹底実践のマネジメント），クリアメトリクス（経営指標），HPT（Human Performance Technology）®，ストリートスマート™（ビジネスリーダープログラム）などを開発。

《研究活動》　ホワイトカラー生産性研究（1983ボストン，ニューヨーク～），戦略組織研究（1999～2000欧州），ISPI（米国に本部を置くグローバルマネジメントNPO）にてアジアで初のプレゼンテーター（2003～2006）など。

《著書，論文，翻訳など》　『プロジェクト・マネジメント』（PHP研究所），『MBAのリスクマネジメント』（PHP研究所），『組織革新マニュアル』（㈱日本能率協会総合研究所），『総額人件費管理と要員設定』（㈱日本能率協会コンサルティング）など。

マネジメント ヒエラルキー
──組織マネジメントの実践原理

2007年4月10日　第1版第1刷発行

著　者　宮川　雅明

発行者　田中　千津子

発行所　㈱学文社

〒153-0064　東京都目黒区下目黒3-6-1
電話　03（3715）1501 ㈹
FAX　03（3715）2012
http://www.gakubunsha.com

© Masaaki MIYAGAWA 2007
乱丁・落丁の場合は本社でお取替します。
定価は売上カード，カバーに表示。

印刷　新灯印刷
製本　小泉企画

ISBN978-4-7620-1643-1

西川清之著
マネジメント入門
A5判 220頁 定価2625円

経営学原理論に相当する部分とアメリカのマネジメントに関する主要な学説の紹介とから成る基礎編と，管理過程論の枠組みを用いてマネジメントの機能を展開する内容編の二部構成により，簡潔に説述。
0641-6 C3034

永野孝和編著
マネジメントからの発想
―社会問題へのアプローチ―
A5判 240頁 定価2520円

グローバル競争を生き抜く「事業の革新」を可能にする為に，マネジメントの諸問題を社会問題に投影するという発想を提案。現代企業の構造・多面的な活動を対象とした経営学の「全体像」を明らかにする。
1507-5 C3034

大東文化大学起業家研究会編
世界の起業家50人
―チャレンジとイノベーション―
四六判 320頁 定価2205円

いつの時代にもビジネスチャンスはかならずある！ロスチャイルドから孫正義まで，豊かな発想，情熱と勇気をもち，そして「運」をたぐりよせたの起業家たち。ユニークなその魅力あふれる生涯を解説。
1304-8 C3034

外川洋子編
トップリーダーたちの経営構想力
四六判 352頁 定価1575円

新しい産業基盤構築をめざして，人と企業との関係を見つめなおし，地域との関係を問いなおす新たなる方向を探る企業群のトップリーダー16人にその独自路線の本質を聞く。
1321-8 C0034

長坂 寛著
革新経営へのミドルの道
A5判 205頁 定価2415円

いまを時めくキーワードは変化。経営環境が否応なく激変し，ミドルは何を頼りに生き抜けばよいか。規範となるものをさしだした。リーダーシップの資質と育成。目標管理制度，新入社員の鍛え方ほか。
1062-6 C3034

南村博二著
企業経営学
―社会的責任投資(SRI)時代の経営学―
A5判 240頁 定価2520円

企業統治の研究が注目を集めている。本書はさらに踏み込んだ企業の社会的責任に力点を置いた経営学通論であり，コンプライアンス研究で培われた経験・知見が盛り込まれた実務書としても大いに有用である。
1189-4 C3034

宮城大学事業構想学研究会編
事業構想学入門
A5判 192頁 定価1890円

事業を成功させるには，豊かな発想力，構想力，それを備えた人材が必要である。時代のニーズである事業構想力。事業の着想・計画・実現・運営の諸課程を研究対象とし，学問的体系化を図った入門書。
1201-7 C3034

佐久間信夫編著
アジアのコーポレート・ガバナンス
A5判 256頁 定価2730円

アジア諸国の企業統治の状況は，各国の法制度や国民の思考習慣，ステークホルダーの成熟度の違いにより大きく異なっている。進む企業統治改革の現状と課題を各国ごとに検討しこれからを考えていく。
1469-9 C3034